陈总编爱车热线书系

画解保时捷
揭秘保时捷汽车独门绝技
精装典藏版

陈新亚 编著

THE
SECRETS
OF
PORSCHE

机械工业出版社
CHINA MACHINE PRESS

《画解保时捷：揭秘保时捷汽车独门绝技（精装典藏版）》以图解的方式介绍保时捷汽车所拥有的各种独特技术，如水平对置发动机、双离合变速器、陶瓷制动盘、可变几何涡轮增压技术等，同时也对保时捷现在制造和销售的各款车型以完全图解的方式进行了详细的技术分析和介绍。为了让读者更全面地了解保时捷汽车技术的来龙去脉，还详细介绍了保时捷创始人及其家族的传奇故事。

本书语言通俗，图文并茂，非常适合汽车爱好者、汽车专业学生、汽车从业人员等阅读使用。

图书在版编目（CIP）数据

画解保时捷：揭秘保时捷汽车独门绝技：精装典藏版 / 陈新亚编著. — 2版. —北京：机械工业出版社，2017.11
（陈总编爱车热线书系）
ISBN 978-7-111-58105-5

Ⅰ. ①画… Ⅱ. ①陈… Ⅲ. ①轿车—图集 Ⅳ. ①U469.11-64

中国版本图书馆CIP数据核字（2017）第235455号

机械工业出版社（北京市百万庄大街22号 邮政编码100037）
策划编辑：李 军 责任编辑：李 军
责任校对：张 力 责任印制：常天培
北京联兴盛业印刷股份有限公司印刷
2018年1月第2版第1次印刷
184mm×260mm・8印张・2插页・205千字
0001—4000册
标准书号：ISBN 978-7-111-58105-5
定价：79.90元

凡购本书，如有缺页、倒页、脱页，由本社发行部调换
电话服务   网络服务
服务咨询热线：010-88361066 机 工 官 网：www.cmpbook.com
读者购书热线：010-68326294 机 工 官 博：weibo.com/cmp1952
            010-88379203 金 书 网：www.golden-book.com
封面无防伪标均为盗版   教育服务网：www.cmpedu.com

前言 FOREWORD

我就是特别，就是有个性

谁是世界上最畅销的跑车品牌？答案：保时捷。
哪个品牌的汽车造型最像青蛙？答案：保时捷。
哪款车型半世纪来多次换代但其造型基本不变？答案：保时捷。
哪个品牌汽车使用水平对置发动机历史最长？答案：保时捷。

保时捷是德国五大汽车品牌之一。保时捷公司曾专门制造跑车，是德国最著名的跑车制造商。虽然保时捷跑车与意大利产的超级跑车在性能上还有些差距，但它却是世界上销量最大的跑车品牌，仅911车型就累计销售了82万余辆。相对其他超级跑车，保时捷跑车价格实惠，造型独特，并且一直自主经营。反观意大利、英国等国的跑车品牌，稍能叫出名字的，无一例外都因经营不善而被转卖他人。而只有保时捷越做越强大，甚至曾差点儿吞下庞大的大众汽车集团。

除了跑车必备的卓越性能外，保时捷跑车的第一大特点就是它那基本不变的蛙式造型。因此，保时捷跑车可以说是最好辨认的汽车，别说遮挡着车标你能认出它来，甚至只露出一角，你也敢断定它就是保时捷跑车。

保时捷跑车的第二大特点就是它一直采用水平对置式发动机。现在除了SUV车型卡宴外，其他所有保时捷汽车仍然都采用6缸水平对置式发动机。

本书介绍了保时捷所拥有的众多独门绝技，正是这些独特技术，才使保时捷从1931年的设计咨询事务所发展成今天强大的跑车制造商。保时捷的发展经历，堪称依靠独特个性和差异化取得成功的绝佳案例。

270963083@qq.com

目录 CONTENTS

前言

第一章 家族故事传奇 ········· 1
- 保时捷标志 ············· 1
- 保时捷族谱 ············· 2
- 保时捷品牌鼻祖：费迪南德·保时捷 ····· 4
- 保时捷品牌跑车创始人：费利·保时捷 ···· 14
- 保时捷911跑车之父：亚历山大·保时捷 ···· 17

第二章 水平对置发动机 ······· 19
- 发动机气缸排列形式 ············ 19
- 保时捷水平对置发动机的来历 ······· 21
- 由风冷式到水冷式的转变 ········· 22

第三章 保时捷独门技术 ······· 24
- VarioCam Plus可变气门 ··········· 24
- 可变几何涡轮增压技术 ··········· 26
- 保时捷双离合变速器（PDK） ········ 28
- 保时捷转矩引导系统（PTV） ········ 32
- 陶瓷复合制动系统（PCCB） ········ 34
- 陶瓷复合离合器（PCCC） ·········· 36
- 保时捷稳定管理系统（PSM） ········ 37
- 保时捷牵引力控制管理系统（PTM） ···· 38

第四章 车型结构图解 ········· 39
- 常青树：911 ················ 40
- 站起来的跑车：Cayenne ·········· 57
- 小老虎：Macan ··············· 65
- 四门GT先锋：Panamera ··········· 66
- 公路拳击手：718 Boxster ·········· 72
- 激情跑车新贵：718 Cayman ········· 76
- 混合动力超级跑车：918 Spyder ······ 80

第五章 911跑车五十年经典进化 ·········· 82
- 911跑车五十年 ·············· 82
- 911车系起源 ··············· 84
- 911名称的由来 ·············· 86
- 911历代车型 ··············· 88
- 911造型设计演变 ············· 96
- 911技术革新足迹 ············· 102

第六章 制造流程 ············· 110
- 焊接工艺 ················· 110
- 涂装工艺 ················· 112
- 发动机组装 ················ 114
- 内饰制造 ················· 117
- 总装配线 ················· 120

附录：保时捷车型名称释义 ··· 124

1967年，保时捷Targa车型海报

保时捷陶瓷复合制动盘

1963年，保时捷901车型海报

Chapter 1 Family Legend
第一章 家族故事传奇

Porsche logo
保时捷标志

保时捷(Porsche)汽车的商标以公司所在地斯图加特市的盾形市徽为主。市徽中间的黑马表明这里早在十世纪就以产马而闻名,黑马上面有斯图加特(STUTTGART)字样,背景上的鹿角告诉人们这里曾是狩猎场所,金黄的底色则表示成熟了的麦子,黑红相间的条纹分别代表肥沃的土地和人们的智慧。公司名(PORSCHE)放在商标上方最显眼的地方,象征着公司辉煌的过去和美好的未来。

费迪南德·保时捷一生都没看到带有"PORSCHE"标牌的汽车。在他逝世一年后,以"PORSCHE"命名的汽车才面世。第一辆镶嵌有"PORSCHE"标牌的保时捷跑车356型,由老保时捷的儿子费利·保时捷主持打造并于1952年推向市场。

这可不是法拉利的"腾马"标志,此马非彼马。这匹马代表保时捷的发源地德国斯图加特从公元950年就开始盛产骏马。或者说,这匹黑马是斯图加特城市徽章上的马,黑马上面还有斯图加特的名字"STUTTGART"字样。

盾形背景图案是德国巴登-符腾堡州的标志,其中鹿角告诉人们这里曾是狩猎场所,金黄的底色则表示成熟了的麦子,黑红相间的条纹分别代表肥沃的土地和人们的智慧。

Family Tree
保时捷族谱

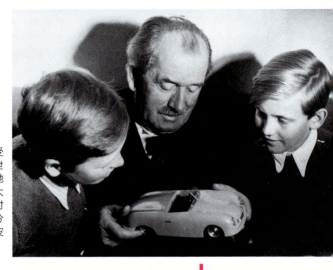

费迪南德·保时捷（1875—1951）

费迪南德·保时捷是一位卓越的汽车设计师。他虽然所受的教育有限，但却是众多著名汽车的设计者，其中包括世界上第一辆油电混合动力四轮驱动汽车、梅赛德斯-奔驰赛车、"汽车联盟"（奥迪前身）V16型汽车，当然还包括大众甲壳虫汽车。老保时捷手中摆弄的是他儿子费利·保时捷当时正设计的保时捷356跑车模型。旁边的两个孩子分别是他的孙子亚历山大·保时捷（左）、外孙费迪南德·皮耶希（后来曾任大众汽车集团董事长）。

费利·保时捷（1909—1998）

费利·保时捷是老保时捷唯一的儿子，实际上是他建立了保时捷汽车公司，并带领保时捷汽车公司走向成功。他是第一辆保时捷汽车356的设计者，并将356车型投入实际生产，而且取得了巨大成功。他创建了"保时捷汽车"，是他将保时捷从一个设计咨询公司成功发展壮大为一个汽车制造公司。更重要的是，正是费利·保时捷确立了保时捷与大众汽车的关系，从而使保时捷不仅迅速发展壮大，而且从此立于不败之地。

格哈德·保时捷（出生于1938年）

格哈德·保时捷是费利·保时捷的第二个儿子，也是亚历山大·保时捷的弟弟，现在他是保时捷公司股份的主要持有人。

亚历山大·保时捷（1935—2012）

亚历山大·保时捷是保时捷家族的第三代成员，他是老保时捷的孙子。如果说他父亲费利·保时捷创立了保时捷汽车公司，那么亚历山大·保时捷则创立了保时捷车型及日后的辉煌，正是他设计的911车型（他负责外观造型，被誉为"911之父"），成为保时捷汽车公司50多年来的摇钱树，而且至今畅销不衰。

汉斯-皮特·保时捷（出生于1940年）

汉斯-皮特·保时捷是费利·保时捷的第三个儿子，也是亚历山大·保时捷的弟弟。他早期曾在保时捷公司担任管理工作，后来专心辅助哥哥亚历山大·保时捷建立保时捷设计工作室。

沃夫斯冈·保时捷（出生于1943年）

沃夫斯冈·保时捷是费利·保时捷最小的儿子，他现在是保时捷公司的监事会主席，也是保时捷股份的主要持有人之一。

第一章 家族故事传奇

这是费利·保时捷的全家福照片，前排为费利·保时捷夫妇，后排分别是他们的四个儿子，从左到右依次是格哈德·保时捷、汉斯-皮特·保时捷、亚历山大·保时捷和沃夫斯冈·保时捷。

路易斯·保时捷
（1904—1999）

路易斯·保时捷是老保时捷唯一的女儿，她是费利·保时捷的姐姐。她早期也曾在保时捷公司工作，但她对保时捷公司的最大贡献是和她丈夫安东·皮耶希"制造"了费迪南德·皮耶希。

安东·皮耶希
（1894—1952）

安东·皮耶希原来是维也纳的一位律师，他与老保时捷的女儿路易斯·保时捷结婚。他们后来育有三个儿子和一个女儿，其中排行老三的费迪南德·皮耶希，后来曾任大众汽车董事会主席兼总裁。不太为人所知的是，安东·皮耶希在1931年曾帮助老保时捷在斯图加特建立了保时捷设计咨询公司。另外，他在第二次世界大战后和老保时捷一起被关押在法国达两年之久。

路易斯-达克斯·皮耶希
（1932—2006）

厄恩斯特·皮耶希
（出生于1929年）

汉斯-迈克尔·皮耶希
（出生于1942年）

费迪南德·皮耶希（出生于1937年）

费迪南德·皮耶希是老保时捷的外孙。他曾帮助生产保时捷911以及伟大而漂亮的保时捷赛车917。1972年，他调往奥迪工作，开发了quattro四轮驱动系统，并于1993年成为大众汽车集团的董事长兼总裁。在任期间，他主导收购了兰博基尼、宾利和布加迪等豪车品牌。在他任总裁期间，大众汽车的产量翻了一番。虽然他于2002年就从大众集团总裁位置上退休，但他是大众和保时捷两大汽车公司的主要股东，因此他仍在两大汽车公司发挥着重要作用。

Ferdinand Porsche
保时捷品牌鼻祖：费迪南德·保时捷

费迪南德·保时捷是保时捷品牌的鼻祖。他是工业设计奇才，在航空、火车、坦克、汽车领域都有非凡设计。他还是"甲壳虫汽车之父"。

他曾

亲手设计了大众甲壳虫等多款著名车型。他在两次世界大战中为德国设计了航空发动机，并在第二次世界大战中为德国设计了虎式坦克。他还是一位在他那个年代出色的拉力赛车手，他还拥有扭力杆悬架的发明专利。他甚至在1898年就设计出世界上第一辆四轮驱动电动汽车。

先说说费迪南德·保时捷(Ferdinand Porsche)的本事吧。他是一位设计师，曾就职于奥地利和德国多家顶尖汽车公司，曾在奥地利－戴姆勒(Austro-Daimler)、戴姆勒－奔驰(Daimler-Benz)、斯太尔(Steyr,奥地利)、汽车联盟(Auto Union,奥迪的前身之一)、大众汽车和保时捷等公司工作，亲手设计了大众甲壳虫等多款著名车型。同时，他还在两次世界大战中为德国设计了航空发动机，并在第二次世界大战中为德国设计了虎式坦克。另外，老保时捷还是一位在他那个年代出色的拉力赛车手，他还拥有扭力杆悬架的发明专利，还是燃油电控技术的开路先锋。甚至110多年前，他就设计出四轮驱动电动汽车。迄今，费迪南德·保时捷可能是世界上最有才华和建树的汽车设计师。

出生在捷克的奥地利人

费迪南德·保时捷（1875—1952）并不是一个纯正的德国人，他算是奥地利人，因为1875年，他的出生地波希米亚北部边境城市马费尔斯道夫（Maffersdorf），还属于奥匈帝国。第二次世界大战后，这个地方属于捷克斯洛伐克，现在则是捷克的中南部城市布拉迪斯拉发（Vratislavice）。因此，可以说费迪南德·保时捷是一个出生在捷克的奥地利人。

费迪南德·保时捷是家中的第三个孩子，他们家是开金属作坊铺的，他自小就喜欢在自家铺子里搞研究。他每天花12个小时在作坊中做电学试验的行为让家人颇感其在浪费光阴。直到有一天发生了可怕的一幕，他的父亲不小心踢翻了他的小罐子——里面装着他用来镀锡的酸溶液，将他父

第一章 家族故事传奇

亲的靴子给烧毁了。幸好他的母亲一再袒护，他才免受皮肉之苦。通过这件事，他的父母感觉费迪南德·保时捷可能在技术方面极具天赋，就决定送他去技术大学。可惜维也纳的学校太远而且收费昂贵，最后只好送他到离家最近的大城镇赖兴贝格去上夜校。

在保时捷15岁的一个晚上，他的父亲出差后赶回家中，惊讶地发现宅中光影绰约。保时捷给家里装上了电灯泡，所有的一切包括电源、开关和布线都是小家伙一手操办。在马费尔斯道夫另外一个能"亮"起来的地方是金兹基（Ginzkey）地毯厂，那里是保时捷表兄的产业。金兹基一家对保时捷的潜力抱有信心，就推荐他到维也纳的电气巨头Bela-Egger（后来成为瑞士布朗勃法瑞公司）工作。这对费迪南德·保时捷来说不仅仅是一份喜欢的工作，更是一次学习机会，使他有条件到梦寐以求的维也纳技术大学（Vienna Technical College）去学习专业知识。

依靠设计电动汽车开始崭露头角

虽然世界上第一辆由电动机驱动的汽车，即电动车在1875年（费迪南德·保时捷出生的那年）就由一位维也纳人制造出来，但电动汽车并没有形成气候，后来戴姆勒和卡尔·奔驰发明了内燃机汽车，电动汽车更是少有人关注。费迪南德·保时捷在维也纳Bela-Egger电气公司先是扫地板，然后是干维修。四年后，他凭借自己的聪明才智当上了试验部经理。在那里，他可以尝试自己的许多创意。但书到用时方恨少，保时捷此时才发现在技校学的那点知识远不够用，很难应付快速发展的技

洛纳-保时捷电动汽车的标志

术革命。于是，保时捷常常跑到当地大学去旁听。在那里，他可以自由选择感兴趣的课程学习。经过不懈努力，"充足电"后的保时捷萌生了设计电动汽车的想法。他认为电动汽车没有噪声，没有烟雾，是理想的交通工具。

虽然保时捷的第一张设计草图被人盗走，并因此导致投资人卡斯（Kaes）大怒不已，但这并没有使保时捷退缩。他考虑到电气动力传动能量损失较大，于是就独创出"直接驱动"结构，将电动

洛纳-保时捷电动车

老保时捷就出生在这座房子里

全轮驱动车辆——洛纳-保时捷电动赛车

机直接装在每个车轮内,省去了传动机构,从而提高了传动效率。直到110多年后的今天,仍有人在根据保时捷当年的思路来研究发展电动汽车。

保时捷将新设计的电动汽车展示给维也纳著名车辆制造商洛纳(Lohner)看,想取得他的支持。正巧洛纳也一直在研制电动汽车,只是受技术条件的限制而未能成功。找上门的设计天才让洛纳欣喜若狂,立即聘用保时捷为车辆设计师。时值1898年,保时捷年仅23岁。

洛纳没有看错人,保时捷不久即试制出一辆直接驱动的电动汽车样车,每充一次电可行驶80千米。洛纳对这辆名为"洛纳-保时捷"(Lohner-Porsche)的电动车非常满意,进而鼓动保时捷将此车送到了1900年的巴黎博览会上展出,并获取大奖。保时捷在博览会上出尽风头,"保时捷"(Porsche)从此开始名扬天下。

对混合驱动系统情有独钟

"洛纳-保时捷"电动汽车采用蓄电池为动力源,每个前轮都配置一个轮毂式电动机,四轮制动,没有传动机构。这款车后来又发展成为世界上第一辆四轮驱动的电动汽车,在四个车轮上都装备有电动机。这种电动汽车的爬坡能力惊人,1900年9月23日,保时捷驾驶该车在蜿蜒崎岖的山路上以平均40千米/时的速度行驶了近10千米。此外保时捷高超的驾驶能力也在这一时期逐渐显露出来。

保时捷和洛纳很快都认识到仅仅依靠蓄电池驱动的汽车有两个很严重的缺点:蓄电池过于沉重,储能有限不能长途旅行。他们的解决办法是:混合驱动。他们开始装备从戴姆勒采购来的汽油发动机,但并不是直接用来驱动车辆,而是用来发电,仍然使用电力来驱动汽车前进。这种混合动力方式类似于现在的增程式电动汽车。

新型电动汽车取名MIXT,并很快博得上流社会的喝彩,订单纷至沓来。作为商人的洛纳喜出望外,但作为技术人员的保时捷对此并不满意,决心进一步改进MIXT,使之更趋完美。然而洛纳有他的考虑,既然产品已很受欢迎,没必要再继续投资进行改进。

保时捷的混合动力汽车终于抵挡不住内燃机汽车的发展势头,但保时捷对他拥有专利的混合驱动系统却一直情有独钟,并将这种技术应用于火车上,后来甚至应用到德国虎式坦克的设计上。

这款混合驱动的火车采用一台功率为100马力(73.5千瓦)的汽油发动机来发电,由它转化而来的电力可以传到每一节车厢轮轴上的驱动装置。为了便于火车快速转弯,保时捷还为它设计了一套"自转向牵引杆"装置。这套装置在急转弯中发挥了巨大的作用——翻越蜿蜒曲折的阿尔卑斯山脉毫不费力,甚至可以在倒退中转向。在20世纪初期,火车过桥是很令设计师头痛的事情,桥梁的刚度和强度承载不了太多车厢的重量。保时捷设计的混合驱动火车解决了这一问题,部分车厢可以与火车头分开,当车头通过后,车头通过电缆向桥另一侧分隔开的各节车厢输送电力,它们的电力驱动系统就可以将车厢一一带过桥。混合驱动火车在1917年的意大利伊松佐河战役中功勋卓著。

费迪南德·保时捷(右二)与费利·保时捷(右三)一起工作

坐在奥地利-戴姆勒汽车上的费迪南德·保时捷

第一章 家族故事传奇

1922年,保时捷推出的Sascha小型赛车在Targa Florio大赛上出尽风头

1924年,老保时捷(右一)设计的奔驰赛车夺得Targa Florio大赛2升级冠军

1917年10月至12月,德奥联军突破伊松佐河意军防线,推进100千米,夺取被意军占领的阵地。在恶劣的地形上,保时捷发明的混合驱动火车依然能够保持战略物资的供给,这是德奥获胜的重要原因之一。

在第二次世界大战中,保时捷曾奉命为德国设计虎式坦克(Tiger Tank)。在他设计的坦克上就采用了这种混合驱动系统。虽然最后的方案没被完全采用,但也说明费迪南德·保时捷对这种混合驱动系统是多么喜欢。

投身汽车豪门设计成果累累

1906年,也就是保时捷在洛纳工作8年后,保时捷跳槽到奥地利-戴姆勒(戴姆勒在奥地利的分厂)就任技术经理一职,并且在1917年升任总经理。

一开始保时捷在戴姆勒的主要工作是设计30马力(22千瓦)的玛佳(Maja)牌汽车。玛佳是戴姆勒公司投资商叶利内克二女儿的名字。众所周知,他的大女儿的名字就是"Mercedes"。保时捷后来又将玛佳汽车升级,发动机功率增大到32马力(23.4千瓦),并采用4速变速器,可选用链传动或硬轴传动。这款车在商业上的巨大成功,使保时捷获得了他平生第一个荣誉奖章——保加利亚国王奖。

1909年,保时捷率领的设计小组开始设计亨利公爵轿车。配备5.7升、86马力(63.2千瓦)发动机的这款跑车基本上没遇到什么对手,斜置气门和顶置凸轮轴对于那个时代太超前了,它的最高速度达到140千米/时。在一次比赛中,它的平均速度竟比最快的对手还要快16千米/时。

1922年,保时捷推出的Sascha小型赛车更是出尽风头。这辆只有1.1升排量的赛车可以爆发出巨大的功率,在它的首次参赛中就在意大利西西里岛赢得了著名的Targa Florio赛事的冠亚军。

在保时捷任奥地利-戴姆勒公司技术经理期间,他设计的作品很丰富,包括高性能航空发动机、大型牵引机械、电动火车、有轨电车,以及使用油电混合驱动系统的其他运输机械。第一次世界大战为保时捷带来了很多官方荣誉,但是真正让他感觉到特别欣慰的是维也纳技术大学为他授予博士头衔,这让保时捷圆了他儿时的梦。

但雄心勃勃的保时捷未曾料到,他在奥地利-戴姆勒的设计生涯已近尾声。公司董事会对保时捷热衷于设计赛车并不感兴趣。1923年春,公司的赛车手在意大利蒙扎赛道因为2升赛车的轮胎爆裂而丧命,这件事成为保时捷与奥地利-戴姆勒公司决裂的导火索。

保时捷从奥地利-戴姆勒公司退出后,很快受到邀请加盟了德国戴姆勒汽车公司,仍然就任技术经理一职,并在1923年成为董事会执委。

依靠真本领获得德国博士头衔

保时捷还是像1906年在奥地利-戴姆勒公司时一样行事,但是他感觉已经不像从前了,因为奥地利人在德国并不受到重视。德国人知道保时捷的名气，但是他们不能接受他不拘小节、不修边幅以及在车间无所顾及的行为。他们认为保时捷不是文化人，斯图加特科技大学拒绝承认保时捷在维也纳获得的博士学位。他们的理由很简单：任何国外的学历在德国都是废纸一张。更过分的是，德国人要保时捷在新印制的名片上删去他的博士头衔。

然而，1924年的一场胜利，让德国人改变了对保时捷的看法。保时捷在戴姆勒汽车公司设计的第一款赛车成为著名赛事意大利Targa Florio大赛的总冠军，并且这一次是保时捷亲自担任车队的经理。赛车场上的一个世界冠军正是德国人所期待的。

保时捷返回斯图加特时受到了英雄般的欢迎，斯图加特科技大学不但承认了保时捷在维也纳的博士学位，还授予了他斯图加特科技大学的博士头衔。

保时捷将戴姆勒公司的4升和6升发动机的气门均改为顶置，并据此设计出著名的S型（S代表Sport–运动）、SS型（SS代表Super Sport–超级运动）、SSK型（K代表Kurz–短轴距），以及SKL型（L代表Leicht–轻型）汽车。这些赛车及车队在保时捷的带领下，拿下旅行车赛、爱尔兰GP大奖赛、意大利Mille Miglia大赛等诸多冠军。他们甚至在德国GP大奖赛中击溃了强大的布加迪。

返回奥地利老家转投斯太尔

1926年，戴姆勒汽车公司与奔驰汽车公司合并。奔驰与戴姆勒的很多设计理念不同，尤其是奔驰仍固执于蠢笨的侧置气门发动机，一些车型的核心技术都不是保时捷所期待的，包括3速变速器以及一些发动机。保时捷也曾提出为普通大众生产廉价的汽车，但是董事会没有一个人赞同，他们认为穷人是不配乘坐汽车的。即便如此，保时捷还是努力生产了30辆1升排量的小型车作为试验，其中一部分最后销售出去了。

保时捷在新组建的戴姆勒–奔驰公司硕果累累，但是与公司的矛盾却与日俱增。激化的最高点是保时捷被戴姆勒–奔驰派到美国去考察，回来之后给他安排了一个顾问的虚职。保时捷心灰意冷，1929年1月他离开戴姆勒–奔驰公司，接受了奥地利斯太尔集团的邀请，到那里任技术经理一职。

1929年秋天，保时捷为斯太尔设计了"奥地利"（Austria）汽车。这款车采用了5.3升直列8缸、顶置气门、每缸双火花塞、功率100马力（73.5千瓦）的发动机，并采用摆动轴式独立后悬架、自动调温器等，而且带有超速档的变速器与发动机共用一套润滑系统。"奥地利"在1929年巴黎车展上大放异彩。然而好景不长，斯太尔由于财政困难，经营难以维持，最后竟被戴姆勒公司吞并。从不服输的保时捷哪能再继续留在斯太尔公司，只好一走了之。

终于创建自己的设计公司

几次挫折使保时捷明白了一个道理：要想实现自己的梦想，不能任人摆布，必须自己当老板。于是，保时捷跑到斯图加特开了一家用自己的名字命名的设计室——"保时捷博士设计室"，于1931年1月1日正式开业。保时捷接到的第一份设计合同是

1936年，费迪南德·保时捷站在为"汽车联盟"（奥迪公司前身之一）设计的赛车旁

第一章 家族故事传奇

为德国漫游者（Wanderer，奥迪的前身之一）汽车公司设计一款6缸发动机汽车。

1931年8月，保时捷获得了扭力杆悬架的专利。虽然扭力杆悬架并不是保时捷最先发明的，但他巧妙地将扭力杆两端用不同的花键固定，一端的花键数目要比另外一端多。可以设想一端有30个花键，另外一端有29个花键，整个系统转动一个"牙"时，30花键一端转动1/30个圆周，即12度，另外一端转动1/29个圆周，即12.4度。这0.4度的转动提供了扭力，在车轮上下跳动时使扭杆扭转，以扭转弹力来吸收振动。第一款采用扭力杆的汽车是1932年推出的2升漫游者。扭力杆的出现让欧洲汽车界为之沸腾，诸多汽车生产商都要求使用保时捷的扭力杆专利，或者要求保时捷单独为其设计一款悬架系统。其他的厂商则决定等到1950年保时捷的专利权过期后再使用扭力杆。

到了1932年，保时捷按照合同为"汽车联盟"（奥迪前身之一）设计汽车——一款配备16缸机械增压发动机的GP大奖赛车。它为保时捷赢得了巨大的荣誉，在参加的64场比赛中，获得32场胜利。其车手也因此创下很多世界纪录。

受斯大林邀请访问苏联但毅然返德

1932年，保时捷受斯大林的邀请到苏联访问。苏联人给保时捷很优厚的待遇，保时捷一家人可以永久居住在苏联，他们可以享受国家贵宾一样的待遇，更为重要的是，保时捷可以自由地动用国家资源来进行他的研究工作。在整个苏联旅

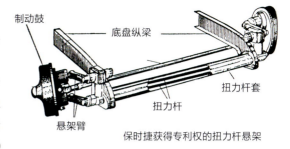

保时捷获得专利权的扭力杆悬架

汽车联盟赛车造型演变：

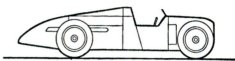

1934年，汽车联盟大奖赛车原型样车

1935年，曾打破几项世界纪录的汽车

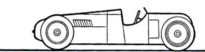

1936年，曾获得德国大奖赛冠军的6.1升赛车

1937年，汽车联盟曾打破世界纪录的全流线形汽车

1938年，改进后企图打破世界纪录的全流线形汽车

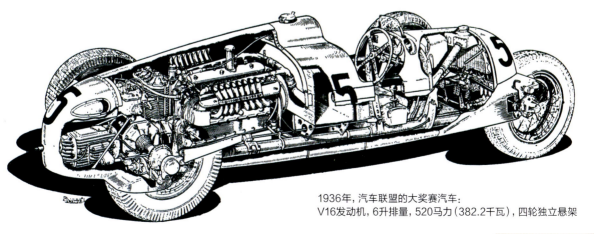

1936年，汽车联盟的大奖赛汽车：
V16发动机，6升排量，520马力（382.2千瓦），四轮独立悬架

程中,保时捷都是在豪华的专列中度过的。这次旅行给了保时捷很美好的回忆。正如我们现在所知道的一样,保时捷最终还是没有留在苏联,因为他喜欢待在工厂里和他的工人在一起。苏联,对于保时捷来说,也许更像是一个镀了金的笼子。另外一个让保时捷舍弃苏联的原因是,当时的苏联没有赛车的基础。保时捷的生命是与赛车联系在一起的,在一个没有赛车的世界中,他感到无法呼吸。

响应希特勒号召设计"大众汽车"

1933年1月30日上台的希特勒是个狂热的汽车迷,虽然他根本不会开车,但对汽车情有独钟。希特勒上台后的第一次公开露面就是参观1933年的柏林汽车展。在展览会上,希特勒提出要大量生产"大众汽车",让每个德国人都能坐着自己的汽车去旅游。本来喜欢高档、豪华车的希特勒,据说是受到福特大量生产廉价汽车的影响,才提出生产"大众汽车"的。

希特勒在柏林汽车展上对捷克太脱拉汽车公司展出的风冷发动机轿车很感兴趣(也就是用自然风来冷却发动机,而不是像现在那样用冷却液来冷却)。当晚,他邀请太脱拉公司总工程师莱德温卡面谈。会谈结束后,希特勒告诉莱德温卡,他设想中的"大众汽车"就应当采用风冷发动机。不久,希特勒召集内阁和顾问们开会,专门讨论了轿车普及问题。在谈到研制"大众汽车"的时候,顾问们一致推荐保时捷博士承担这项任务。1933年秋,希特勒将保时捷召至柏林。两人在柏林皇家饭店尽情讨论"大众汽车"后,希特勒将"大众汽车"的设计全权委托给了保时捷。1934年6月,希特勒的设计指标正式下达,要求保时捷在28个月内拿出样车。这种速度在当时其实是强人所难的。

在1935年的柏林汽车展上,希特勒迫不及待地宣布了"大众汽车"即将到来的消息。在这里,他第一次使用了"大众汽车"(Volkswagen)一词。Volks是德语"大众"的意思,wagen则是"汽车"的意思。

"大众汽车"设计工作并不顺利

保时捷一直有设计小型、普及型汽车的愿望,并且自己的设计公司一直在从事普及型汽车的设计。保时捷就在原来设计的基础上研发能满足希特勒要求的"大众汽车"。保时捷很明白,整个德国汽车界都在用妒忌的目光看着他,其中很多人甚至盼望他一败涂地。实际上,设计工作进展得比预期得要慢。为控制成本,新轿车必须采用风冷汽油机,而当时的风冷技术还不成熟,一旦环境气温太高,或者发动机长时间连续工作,发动机就会过热,严重时甚至会烧毁活塞。为克服这一困难,保

保时捷为大众汽车公司开发的原型车

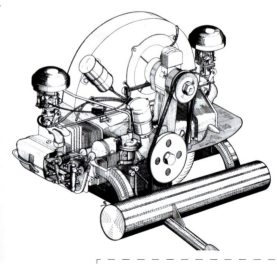

这 是早期大众汽车采用的风冷式水平对置式发动机,也是现在保时捷采用的水平对置式发动机的鼻祖。

第一章 家族故事传奇

老 保时捷为大众汽车公司开发的原型车，其"甲壳虫"形状的造型非常明显，从此奠定了大众甲壳虫汽车的经典设计，甚至一直影响到现在的保时捷、奥迪汽车的造型设计。

最 早的大众原型样车是没有后风窗的，因为后置式的风冷发动机需要巨大的散热窗才能保证发动机散热，车背上已没有地方安置后风窗。当然，后来的改进版又装上了后风窗。

时捷他们想尽了办法。当看到不可能在规定时间内解决这一问题后，他们只好采取临时措施——加大发动机散热窗口的面积，以消除过热现象。由于新车是后置发动机，又采用了流线形造型，车背上庞大的散热窗口几乎占据了整个车背，无奈之下保时捷只好取消了后风窗。另外，希特勒规定的价格目标和车重目标一时也无法实现。使用便宜的铸铁可降低价格，但会造成车重超标；换用轻巧的铝合金虽然可满足车重的要求，但成本却超出目标。

1936年10月，三辆样车终于按时完成，保时捷将它们交给德国汽车协会测试。经过5万千米的严酷测试，汽车协会给出了详细报告：新车坚固可靠，结构良好，出现的故障都不是设计上的问题，很容易修改；汽油消耗量达到标准；驾驶操纵性能良好。这份报告极大地鼓舞了保时捷和同事们的士气，当然也激发了希特勒的热情。

"大众汽车"计划因战争而夭折

1937年2月，保时捷和希特勒的亲信维林组建了"德国大众汽车促销公司"，具体着手"大众汽车"的生产、销售的准备工作。当年晚些时候，保时捷借助梅赛德斯－奔驰公司车身厂打造出了30辆原型车，这批车被称为VW30。VW30由200名士兵驾驶进行了日夜不间断的超长路程路试，每辆车的行驶距离都超过了6.2万千米，这一测试结果让整个德国兴奋不已。这款发动机排量不足1升、最大功率仅

23.5马力(17.3千瓦)的小车,平均车速达98千米/时,乡间土路上的平均车速也有82千米/时。

不久,保时捷博士设计出新型高效率气冷风扇,发动机散热窗口大为缩小。甲壳虫的后风窗终于被抢救了出来。带后风窗车型的编号为VW38,在德国官方它被称为KdF,这是初次量产的大众甲壳虫汽车。

大众汽车工厂于1938年5月26日奠基。甲壳虫的售价定为990马克,比希特勒四年前预定的贵了80马克,当然这还是可以接受的。1938年8月1日,由政府任命的新工厂负责人在工厂职工大会上宣布了"KdF储蓄金计划",每个德国人,不论阶级、地位和财产,均有资格购买大众汽车。保证有资格购车的最低储蓄额为每周5马克。德国民众对这一储蓄金计划的反应非常热烈,到1938年底就有27万余人登记签约并开始购买邮票贴在KdF的储蓄卡上。甲壳虫汽车在1939年底终于投产,并且计划每年生产80万~100万辆。但后来由于第二次世界大战爆发,大众汽车工厂被迫转产为军品,实际上1935—1945年期间大众汽车工厂只生产了10万辆甲壳虫汽车。

在 1943—1944年,能源开始出现短缺现象,大众甲壳虫汽车也开始使用非石油燃料。上图是以烧木炭为动力的甲壳虫汽车。下图是大众汽车工厂以甲壳虫为基础制造的烧木炭的越野车。

老保时捷设计的大众汽车,在第二次世界大战期间,被改装成四轮驱动的敞篷越野汽车

第一章 家族故事传奇

62岁的老保时捷,站在他设在斯图加特的设计工作室内

1950年,老保时捷站在他儿子费利·保时捷设计的保时捷356双门轿跑车旁

第二次世界大战后被当成战犯囚禁两年

第二次世界大战期间,保时捷曾参与研制德军装甲车辆,包括著名的虎式重型坦克。第二次世界大战后保时捷因此被盟军当成战犯,先被押解到美国,后囚禁在法国监狱。大约两年的监禁后,盟军终于承认他只是位汽车设计师,而不是德国纳粹,最后释放他回国。获释的老保时捷重操旧业,在奥地利的格蒙德市(Gmund)组建"保时捷设计有限公司",但已力不从心,主要工作只好由儿子费利负责。1948年,第一批50辆铝制车身的保时捷356型1号跑车在奥地利装配出厂。虽然保时捷一生中设计了众多优秀车型,但都是为他人做嫁衣,直到73岁时才有了以"保时捷"命名的汽车。1951年1月30日,一生嗜车如命而又饱尝创业艰辛与牢狱之灾的老保时捷因病去世。

站在第一辆以自己名字命名的跑车旁,费迪南德·保时捷完全可以告慰终生了。他的儿子费利·保时捷设计的保时捷356型1号跑车,是第一辆以"保时捷"命名的汽车。老保时捷终生都在为他人设计产品,他是一位伟大而纯粹的机械设计师。

Ferry Porsche
保时捷品牌跑车创始人：费利·保时捷

费利·保时捷是首辆保时捷汽车的制造者，被誉为"保时捷跑车之父"。

费利·保时捷（Ferry Porsche）是老保时捷的第二个孩子，生于1909年9月19日，当时他的姐姐路易斯（1904—1999）已经5岁了。而老保时捷当时正受雇于奥地利-戴姆勒汽车公司担任技术经理。

费利·保时捷博士继承了父亲对汽车的狂热以及科学天赋，10岁时便常跟在父亲身后，16岁时便得到破例核准的驾驶执照。费利·保时捷在父亲于1931年成立设计公司时，便是最早的雇员之一，后来升任测试部主任。从1938年起，由于老保时捷要花费越来越多的时间来具体负责"大众汽车"的制造，无暇顾及自己的设计公司，只好将保时捷

1984年，费利·保时捷在他的办公室内

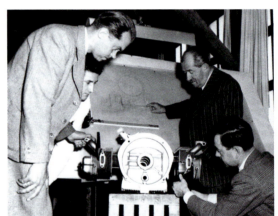

1950年，费利·保时捷（下面右侧）和他父亲老保时捷在他们的斯图加特设计室内

6岁的费利·保时捷和11岁的姐姐路易斯

1935年，费利·保时捷和妻子驾乘大众汽车的第二辆原型车

第一章 家族故事传奇

设计公司交由费利·保时捷来打理。

在第二次世界大战中,由于受到越来越多的盟军空袭威胁,费利·保时捷将保时捷设计公司迁移到奥地利的克恩滕州格蒙特,但公司总部和他自己则仍留在斯图加特。

第二次世界大战结束时费利·保时捷曾被盟军拘禁几个月,在1946年6月才被放回奥地利,那里也成为保时捷公司的唯一基地。1946年7月起,费利·保时捷和姐姐路易斯共同负担起保时捷公司的经营责任。他不仅深爱父亲的事业,而且还有一个坚定信念:一定要让普通人能够买上一辆与普通大众汽车不同、具有高速奔跑能力的汽车。这个想法在当时第二次世界大战刚过、百废待兴的欧洲,被人嘲笑为不切实际。

费利在父亲的支持下实现了梦想,1948年制造出了第一辆保时捷跑车356,为保时捷的历史写下辉煌的篇章。这辆名叫356的跑车,底盘由钢管焊接而成,车身为铝制,总重量只有585千克。它采用改造后的甲壳虫1.131升发动机,改进后的功率由原来的18千瓦(25马力)一下子提高到29千瓦(40马力),最高车速达到了130千米/时!

1948年底,这辆保时捷356参加了在奥地利的因斯布鲁克举行的汽车大赛,声名大振,在同级车中夺得第一名。1949年,费利决定把车厂搬回到

1954年,当时45岁的费利·保时捷

1968年,费利·保时捷和保时捷911

1937年,费利·保时捷陪同他父亲在去美国的船上

斯图加特,自己也正式成为保时捷公司的总经理。

除了推出第一辆保时捷汽车外,费利·保时捷的第二大成就是和大众汽车集团建立起特殊的财务关系,使保时捷进入一个平稳的发展时期。即使到了今天,与大众汽车集团的这种特殊的财务关系仍是保时捷稳定发展的有力支撑。

1954年,保时捷又推出一款"竞速者"(Speedster)跑车。这种性能优良、价格便宜的敞篷跑车,后来每参加车赛必获冠军,并把胜利的旗帜插到了大西洋彼岸的美国。

费利·保时捷一直主张将赛车的成功经验应用于道路版跑车上,并在1972年将保时捷公司转型为上市公司,与皮耶希(Piech)家族共同担任董事。费利于1990年3月9日卸下保时捷董事会主席一职,成为终身荣誉主席。1998年3月27日,享年88岁的费利·保时捷在奥地利去世。

1954年,费利·保时捷的四个儿子和保时捷550敞篷跑车

1994年,费利·保时捷85岁生日时驾驶保时捷356跑车1号车型

第一章 家族故事传奇

Ferdinand Alexander Porsche
保时捷911跑车之父：亚历山大·保时捷

保时捷家族第三代传人费迪南德·亚历山大·保时捷（Ferdinand Alexander Porsche），于1935年12月11日出生于德国斯图加特，他是费利·保时捷（Ferry Porsche）的长子。他在童年时期就与汽车结下了不解之缘，大部分时间都在爷爷费迪南德·保时捷的办公室和车间里度过。1943年，全家人和公司一起迁至奥地利，他在策尔湖畔展开了求学之路。1950年，他重返斯图加特，后来考取了著名的乌尔姆设计学院。

1958年，费迪南德·亚历山大·保时捷加入保时捷公司的前身——保时捷工程办公室，并很快展露出其在设计领域的非凡天赋——用黏土塑造了保时捷356车型系列的后继车型。1962年，他接管保时捷设计工作室，并在一年后打造出了风靡全球的保时捷901（后更名为911）。

保时捷911车型至今仍在生产，被誉为跑车领域的"常青树"。大多数人一提起"保时捷"，第一个联想就是911的独特外形。亚历山大·保时捷被誉为"911之父"。

911车型是在1963年的法兰克福博览会上作为356型的替代品而首次露面的。当时它的名字为901，采用了356的2+2外

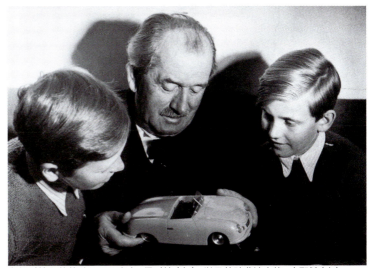
老保时捷和他的孙子亚历山大·保时捷（左），以及外孙费迪南德·皮耶希（右）

正在设计保时捷911的亚历山大·保时捷，他被誉为"保时捷911之父"

亚历山大·保时捷和他设计的保时捷911跑车

形,力求在舒适性、安全性和长途旅行等方面都成为第一。唯一的问题是,当时法国标致公司已经注册登记将所有中间为0的三位数字据为该公司专用,因此,901被迫改名为911。

亚历山大·保时捷还同时涉足20世纪60年代的赛车设计领域。其中最为著名的车型包括804型F1赛车,以及现在被称为"史上最美赛车"之一的保时捷904 Carrera GTS。

1971—1972年间,亚历山大·保时捷与其他家族成员一起退居二线。1972年,他在斯图加特成立了保时捷设计工作室,其总部于1974年迁至奥地利。在接下来的几十年中,他以Porsche Design之名设计了许多经典男士精品,其中包括手表、眼镜和书写工具等,其设计大受好评。亚历山大·保时捷的设计信条是:"设计必须具备功能性,而功能又不可脱离视觉美感,好的设计决不能有任何难以理解的成分存在。"亚历山大·保时捷认为:"优秀的设计作品无须多余的装饰,杰出的设计理念应当只凭借外形便能征服他人。"他的作品外观易于理解,又从不背离产品本身及其功能,因为他深信:"出色的设计作品必须是真实的。"

20世纪80年代末期,保时捷汽车遇到空前危机,销量下跌。亚历山大·保时捷在1990—1993年重回保时捷担任董事会主席,协助家族公司渡过危机。2005年,他将董事会主席的重任交给爱子奥利弗,自己则担任董事会名誉主席一职。

2012年4月5日,"保时捷911之父"亚历山大·保时捷在奥地利去世,享年76岁。

1993年,亚历山大·保时捷和父亲费利·保时捷在一起

Chapter 2 Boxer Engine
第二章 水平对置发动机
Engine Cylinder Arrangement
发动机气缸排列形式

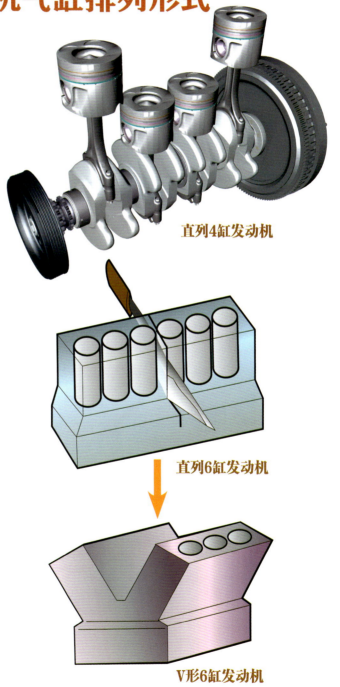

直列4缸发动机

直列6缸发动机

V形6缸发动机

从不采用直列发动机

如果把所有气缸都排成一排,以此形式组成的发动机就称为直列气缸发动机,简称直列发动机。

保时捷汽车从不采用直列发动机,现在只采用V形发动机和水平对置发动机两种形式。

V形发动机

如果把直列6缸发动机的气缸分成两排,每排3个气缸,然后让这两排气缸成V形,这就是V形发动机。V形6缸发动机工作时虽然不如直列6缸发动机安静和平顺,但它的声音非常好听,而且体积较小,体形更加紧凑,可以放在前驱车的发动机舱盖下面,因此现在被广为采用。

如果每4个气缸排成一排,然后呈V形布局,就是汽车发烧友们最喜欢的V形8缸发动机。3.5升排量以上的发动机基本上都采用V形8缸(简称V8)布局。大型SUV、跑车等追求强大动力的车型,喜欢采用V8发动机。V8发动机几乎成了强大动力的代名词。

水平对置发动机

如果把V形发动机的两排气缸的夹角再扩大成180度,也就是两排气缸头顶头排列,那就是水平对置发动机了。由于这两排气缸内的活塞像是双双对立的拳头,因此这种发动机又称为拳击手发动机(Boxer Engine)。水平对置发动机的重心较低,这对汽车的操控性比较有利。只不过这种发动机的声音比较怪异,尤其是气缸较多时更明显。保时捷汽车的最大特色之一就是普遍采用水平对置6缸发动机(简称H6)。

法拉利曾制造过水平对置12缸发动机。目前只有保时捷和斯巴鲁生产和采用水平对置发动机。斯巴鲁采用4缸和6缸水平对置发动机,而保时捷只采用6缸水平对置发动机。

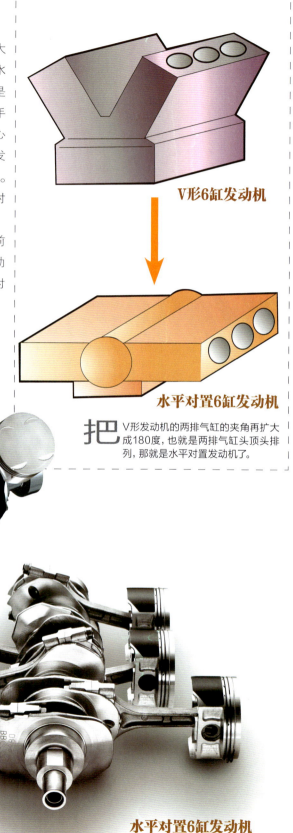

V形6缸发动机

水平对置6缸发动机

把 V形发动机的两排气缸的夹角再扩大成180度,也就是两排气缸头顶头排列,那就是水平对置发动机了。

V形6缸发动机

水平对置6缸发动机

第二章 水平对置发动机

Poesche Boxer Engine
保时捷水平对置发动机的来历

保时捷的水平对置发动机可追溯到1934年保时捷设计的一款名为Type 32的样车。那款样车可称为后来大众甲壳虫汽车的鼻祖，它的发动机就是4缸水平对置式，而且也采用风冷方式，即用自然风来冷却发动机。而不是像现在的汽车发动机那样，采用冷却液来冷却发动机。

1950年，保时捷推出第一辆以保时捷命名的汽车356时，就是采用与原来大众甲壳虫汽车发动机类似的水平对置风冷4缸发动机。

目前，在保时捷所有车型上已不再配备4缸的水平对置发动机，只有6缸水平对置和V形8缸汽油发动机，以及V形6缸柴油发动机。

在开发保时捷356的换代车型时，在费利·保时捷外甥费迪南德·皮耶希（Ferdinand Piech），即老保时捷的外孙、后任大众集团董事长兼总裁）的领导下，一款带有轴向鼓风机的6缸风冷式水平对置发动机孕育而生。这款发动机的每一侧均安装了一个顶置凸轮轴。凸轮轴采用链传动取代原来的同步带传动。最初，这款发动机的排量为2升，但具有提高至2.7升的潜力。当时，保时捷技术专家全都没有预料到，这款发动机以其基本形式一直沿用至1998年，并且排量最终达到3.8升。

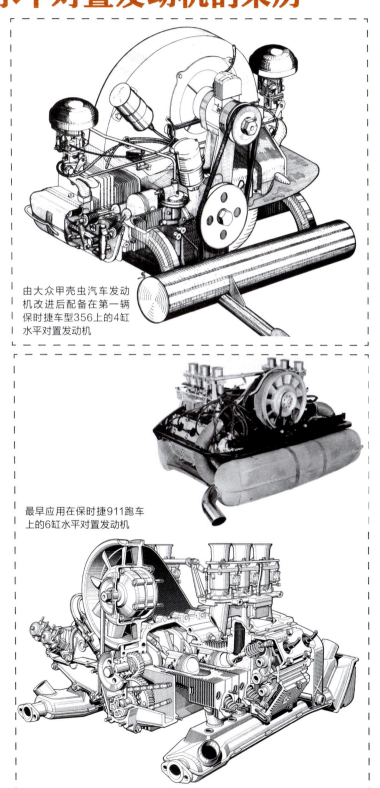

由大众甲壳虫汽车发动机改进后配备在第一辆保时捷车型356上的4缸水平对置发动机

最早应用在保时捷911跑车上的6缸水平对置发动机

From Air-cooled to Water-cooled
由风冷式到水冷式的转变

1964年，保时捷911双门轿跑车配备的2.0升水平对置发动机

从第一辆保时捷汽车开始，甚至从大众甲壳虫汽车开始，保时捷就一直采用风冷式发动机。直到1997年推出996车型（保时捷911的内部编号）系列，保时捷才开始搭载水冷式发动机。

风冷式发动机采用自然风对发动机进行冷却，它没有冷却液循环系统，没有水泵等机构。虽然风冷式发动机的结构相对简单，发动机自身消耗能量也较少，尤其是后置式发动机更适合风冷，但随着发动机转速越来越高、功率越来越大，仅用空气冷却发动机已很难完成任务。正是在这种背景之下，保时捷不得已改用水冷式发动机。他们的做法是将散热器一分为二，分别置于车头前部的两侧，利用自然风将散热器中的热量吹散，而散热

冷却循环水管

散热器

第二章 水平对置发动机

器中流动的冷却液与发动机气缸水道中的冷却液形成循环,这样就可冷却发动机。

相比前代发动机,这款排量为 3.4 升的水冷式发动机的长度缩短了 70 毫米,高度大幅降低了 120 毫米。它可产生 221 千瓦(300 马力)的最大功率,并且在高转速下,具有比前代发动机更卓越的性能。但是,其关键设计特征并未改变:水平对置、6缸、7轴承曲轴、干式油底壳润滑、双质量飞轮和纵向分开的发动机外壳。这款新发动机起初仅用于 911 Carrera(卡雷拉),一年后开始在 Carrera 4 上搭载。现在保时捷所有的发动机均已改为水冷式。

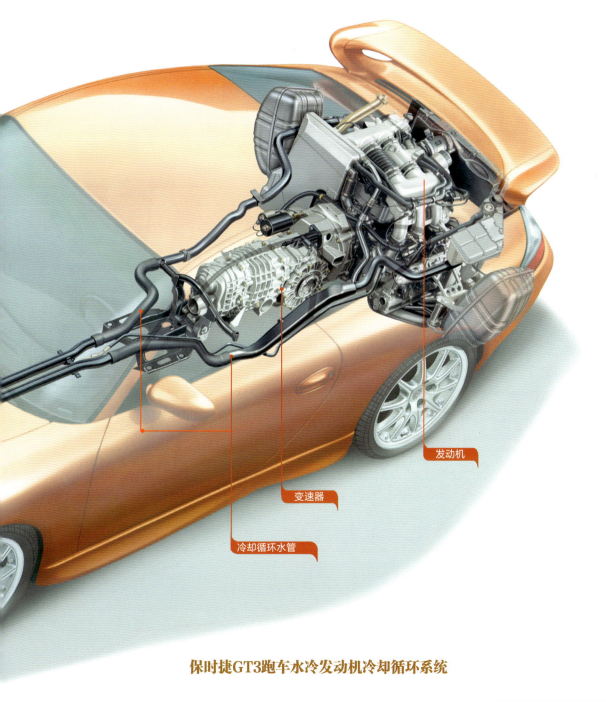

发动机
变速器
冷却循环水管

保时捷GT3跑车水冷发动机冷却循环系统

Chapter 3　Special Technique
第三章　保时捷独门技术

VarioCam Plus可变气门

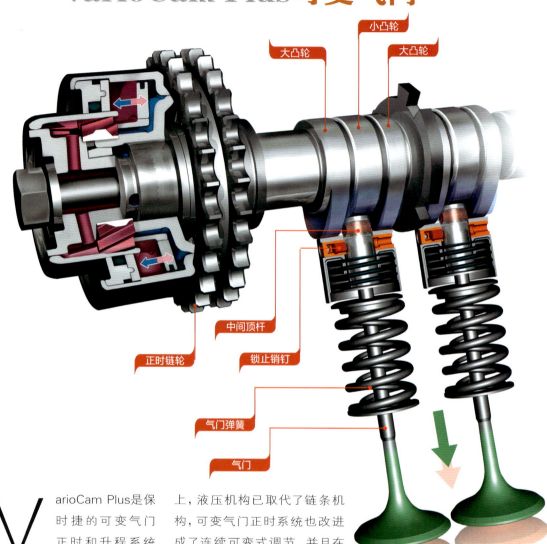

VarioCam Plus是保时捷的可变气门正时和升程系统的名称。VarioCam Plus是从VarioCam的基础上发展来的。1991年，VarioCam在968车型（保时捷911车型的内部编号）上被首次应用。当时它利用正时链条改变凸轮轴的相位角，能分三段改变气门正时。然而，在VarioCam Plus系统上，液压机构已取代了链条机构，可变气门正时系统也改进成了连续可变式调节。并且在原来只能调节气门正时的基础上又增加了气门升程调节。最新版本的VarioCam可变气门系统不仅可以根据发动机转速和负荷调节进气侧凸轮轴，还能控制排气凸轮轴，从而提高了输出功率和转矩。

气门升程调节机构是由液压顶杆来实现的，如图所示，每个气门被三个凸轮控制，很明显中间的小凸轮带来较小的气门行程（仅3.6毫米）和较短的气门开启时间。它被称为低速凸轮。两侧两个大凸轮形状相同，

第三章 保时捷独门技术

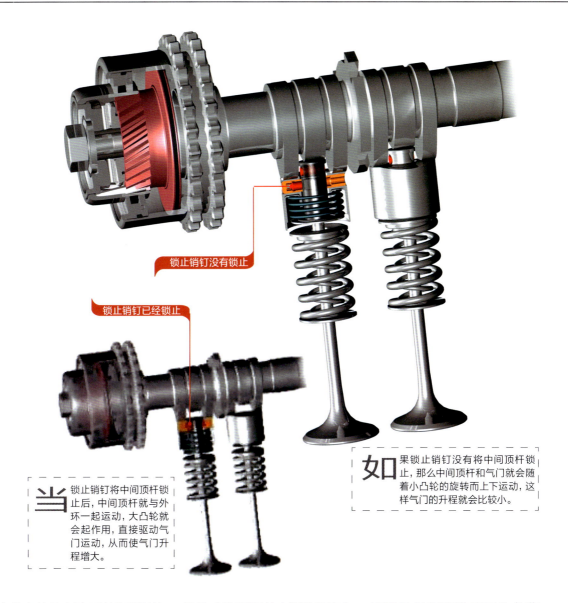

锁止销钉没有锁止

锁止销钉已经锁止

当 锁止销钉将中间顶杆锁止后，中间顶杆就与外环一起运动，大凸轮就会起作用，直接驱动气门运动，从而使气门升程增大。

如 果锁止销钉没有将中间顶杆锁止，那么中间顶杆和气门就会随着小凸轮的旋转而上下运动，这样气门的升程就会比较小。

它带来的是高速正时和更长的行程（11毫米），凸轮由气门顶部的液压挺杆来选择。每个挺杆均带有两个同心部件（一个外环和一个中间顶杆），同心部件可以用一个销钉锁止。如果将销钉锁止，中间顶杆就与外环一起运动，系统就可以使用两个大凸轮来控制气门升程，实现大升程运动；如果气门与气门顶没有被销钉锁在一起，那么外环与中间顶杆就不会一起

运动，气门则只被中间的低速凸轮直接驱动，气门可以实现小升程运动。

VarioCam Plus可变气门机构结构简单，占用空间小，可改善中低转速时的转矩输出，提高高转速时的功率输出，可降低排放和燃油消耗10%左右。目前VarioCam Plus系统已应用在保时捷全系车型上。

VarioCam可变气门系统改变了发动机控制方式，基本

原理是根据两种不同的负荷情况，满足相应的动力需求。从本质上讲，VarioCam 升级版是把两台发动机合二为一。其中一台用于普通道路行驶，而另一台用于高性能行驶。系统能够随驾驶人指令的变化在两个发动机之间平稳地切换。所有操作都由发动机管理系统控制。其结果是：加速更迅疾，运行更平稳。

Variable Turbine Geometry
可变几何涡轮增压技术

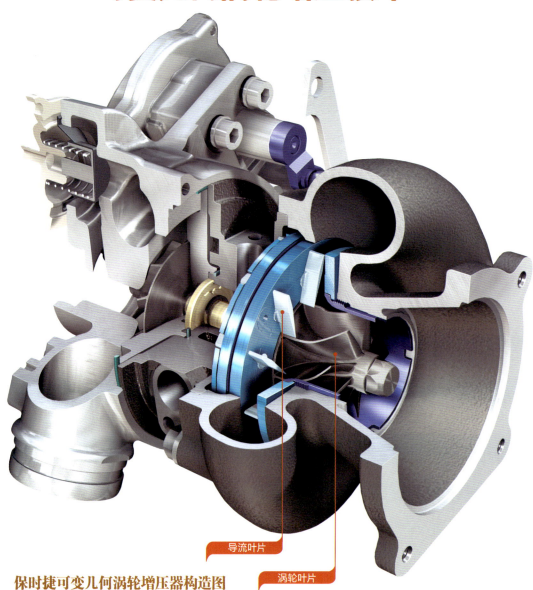

保时捷可变几何涡轮增压器构造图

导流叶片
涡轮叶片

保时捷997系列（911车型的内部编号）的发动机与上一代（996系列）的发动机排量相同，但输出功率却由420马力增至480马力，原因是997使用了较大型的增压涡轮。虽然较大的涡轮能输出较大的功率，但涡轮的惯性有所增大，随之而来的涡轮迟滞现象就会增大，可是997系的911 turbo车型的涡轮迟滞非常轻微，其关键技术便是采用了拥有可变涡轮几何叶片技术（Variable Turbine Geometry, VTG）的全新双涡轮系统。

涡轮组件的大小是影响涡轮时滞现象的很重要因素。涡轮越小，质量就越低，其反应就越快，达到最佳旋转速度的时间也越短，也就是说涡轮迟滞现象越不明显。但使用较小型涡轮也有缺点，不仅增压效果较弱，而且在较高发动机速度下产生的回压会明显削弱性能。反之，如果采用较大、较重的涡轮，则需要更长的时间才能起动并达到理想转速，涡轮迟滞现象会更明显。一般说来，这种涡轮只在中转速范围内产生效用。这种现象被称为涡轮迟滞（Turbo lag），表示发动机在低速时实际上并不会有涡轮增压的效能。

为克服这个问题，911 Turbo 装配的双水冷式涡轮增压器具备可变涡轮几何叶片技术（VTG），发动机排出的气体会通过电子式调整的可旋转导引叶片导送至涡轮上。当发动机转速低时，废气压力较低，导流叶片成小角度打开；当气压增大到使废气涡轮运转时，即推动涡轮敏锐地转动，实现小涡轮快速反应的效果；当发动机转速上升时，废气压力逐渐变大，导流叶片的角度也随之变大；当达到全负载的情况下，导流叶片全开，与主体的涡轮叶片形成一个更大型的叶片，能够接收最大的废气量，达到一般大涡轮的高输出效果。所以，通过变更叶片的角度，系统可随时改变涡轮的几何值（大涡轮或小涡轮），从而实现大小涡轮的增压效应。因此，即使在发动机低转速下也能获得高涡轮转速，从而获得更高的增压压力。由于提供了更多的空气，改善了燃烧，最终能够产生更大的功率和转矩。最大转矩可以在较低转速下获得，并且能够在更大的转速区间保持这一水平。

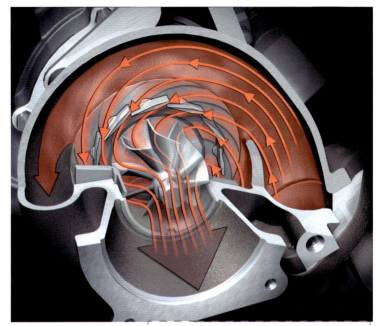

当 发动机转速低时，废气压力较低，导流叶片成小角度打开，当气压增大到使废气涡轮运转时，即推动涡轮敏锐地转动，实现小涡轮快速反应的效果。

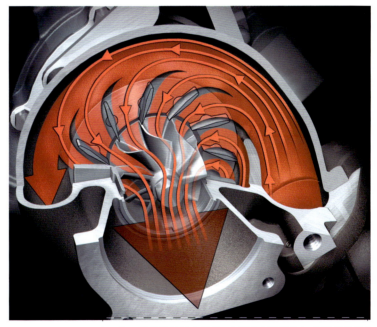

当 发动机转速上升时，废气压力逐渐变大，导流叶片的角度也随之变大；当达到全负载的情况下，导流叶片全开，与主体的涡轮叶片形成一个更大型的叶片，能够接收最大的废气量，达到一般大涡轮的高输出效果。

保时捷可变几何涡轮增压器原理示意图

Porsche Doppel Kupplungen
保时捷双离合变速器（PDK）

- 动力传递线路
- 1档齿轮
- 2档齿轮
- 同步器
- 动力输出轴
- 动力输入轴1

保时捷推出的双离合变速器简称为PDK（Porsche Doppel Kupplungen），就是"双离合变速器"的德文缩写，它被保时捷迷们形象地称为"跑得快"。PDK也是目前唯一大批量生产的针对后置后驱形式的双离合变速器。

其实，保时捷是最早应用双离合变速器的汽车商之一。在1983年，保时捷就将PDK双离合变速器用于赛车上，搭载了PDK的保时捷962赛车在1984年和1985年均获得了极大的成功。在当时，虽然双离合变速器是革命性的汽车技术，但其开发、制造和使用成本都很高，也只有在不计成本的赛车上才可能使用。而在普通的民用车上，当时还不太可能装配这种先进的变速器。

第一台量产PDK于2009年配备在保时捷Cayman和Boxster上，这台PDK可承受最大500牛·米的转矩输出。保时捷以此为基础，于2010年又发展出能够承受780牛·米转矩输出的PDK，用于配备2010款保时捷911 Turbo。

保时捷PDK的工作原理与大众公司的7速双离合变速器（DSG）基本相同，只不过它所能承受的传动转矩更强大而已（大众7速DSG最大承受转矩仅为250牛·米）。

双离合

变速器中有两个离合器,离合器1控制1、3、5、7档的变速齿轮,离合器2控制2、4、6档和倒档的变速齿轮。当挂上1档起步时,2档变速齿轮也啮合,但并没有让离合器2接合;当车速渐增准备换档时,电控机构自动切换到离合器2,也就是让离合器2接合,离合器1分离,2档开始工作。这样通过切换离合器的换档方式省略了档位空置的一刹那,使得动力传递连续。在2档工作的同时,由离合器1所控制的3档齿轮组也完成啮合,等待换档指令。

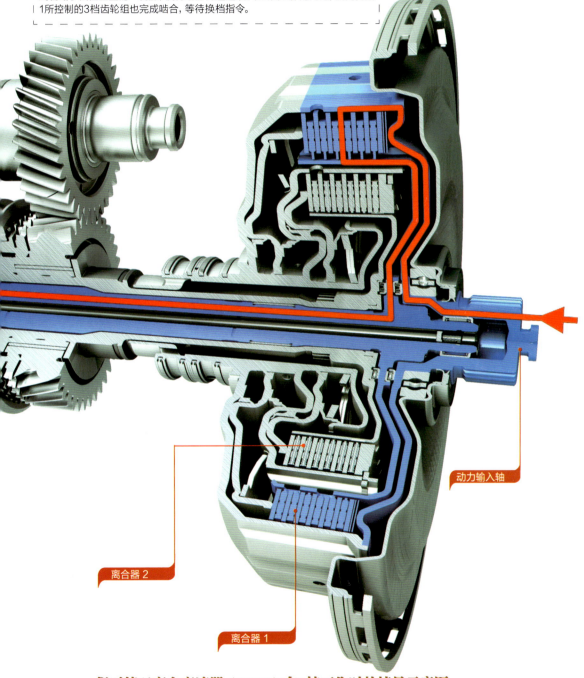

保时捷双离合变速器(PDK)在1档工作时的情景示意图

保时捷双离合变速器构造

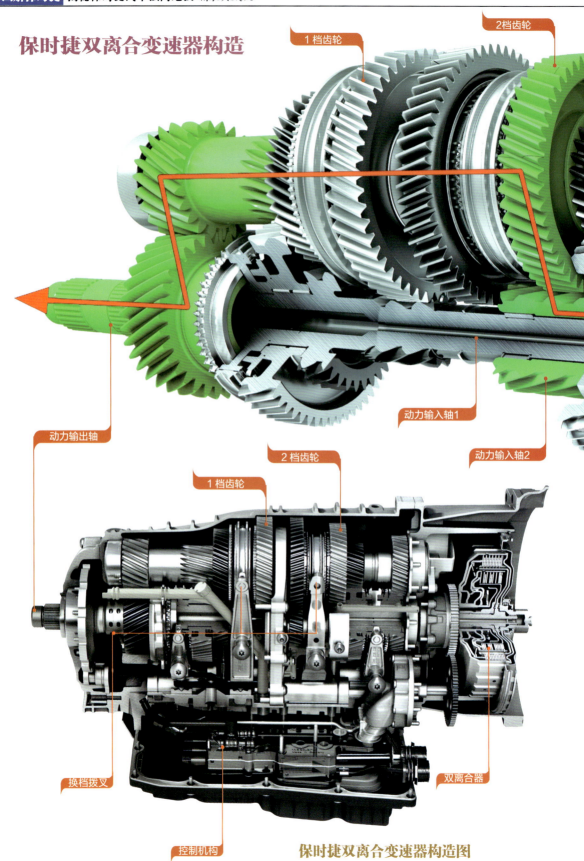

保时捷双离合变速器构造图

第三章 保时捷独门技术

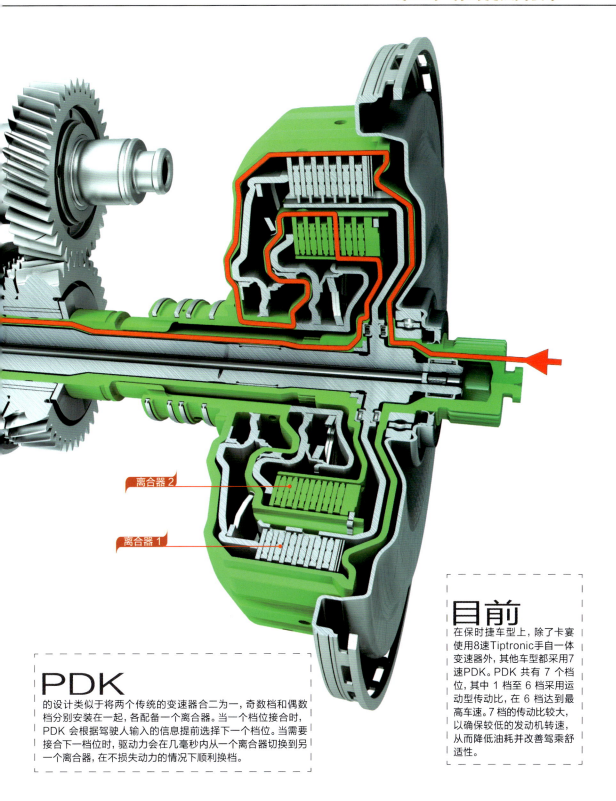

离合器 2

离合器 1

PDK 的设计类似于将两个传统的变速器合二为一，奇数档和偶数档分别安装在一起，各配备一个离合器。当一个档位接合时，PDK 会根据驾驶人输入的信息提前选择下一个档位。当需要接合下一档位时，驱动力会在几毫秒内从一个离合器切换到另一个离合器，在不损失动力的情况下顺利换档。

目前 在保时捷车型上，除了卡宴使用8速Tiptronic手自一体变速器外，其他车型都采用7速PDK。PDK 共有 7 个档位，其中 1 档至 6 档采用运动型传动比，在 6 档达到最高车速。7 档的传动比较大，以确保较低的发动机转速，从而降低油耗并改善驾乘舒适性。

PDK在2档工作时的情景示意图

Porsche Torque Vectoring
保时捷转矩引导系统（PTV）

保时捷转矩引导系统（Porsche Torque Vectoring, PTV）能够主动提高车辆的动态稳定性。搭配电子后差速锁工作时，可根据情况需要对某侧后轮进行制动。PTV可以根据转向角、转向速度、加速踏板位置、横摆角速

制动内侧后轮时，会沿车辆垂直轴产生一个偏航运动，使车辆过弯更直接
偏航运动

外侧后轮驱动力增大

内侧后轮驱动力减小

当车辆以运动风格入弯时，系统将适度制动内侧后轮。因此，外侧后轮将获得更多的驱动力，这将使车辆转弯更加直接并且更具有运动感。

度和车速的变化,准确制动右侧或左侧后轮,以改善转向响应和转向精确性。

更准确地说,这意味着当车辆以运动风格入弯时,系统将适度制动内侧后轮。因此,外侧后轮将获得更多的驱动力,从而沿车辆垂直轴产生一个附加的旋转力偏航运动。这将使车辆转弯更加直接并且更具有运动感。

在中低车速下,PTV可以显著提高灵活性和转向精确性。在高速行驶和加速出弯时,后差速锁确保更高的行驶稳定性。配备 PTV时,差速锁采用电控调节方式,可以无级调节转矩分配。对于驾驶人而言,这意味着在任何车速下都能通过精确的转向和稳定的载荷转移特性,获得不同寻常的稳定性以及更好的操控性、最佳牵引力和更大的灵活性。

内侧后轮驱动力减小

外侧后轮驱动力增大

后差速锁
配备 PTV时,差速锁采用电控调节方式,可以无级调节转矩分配

Porsches Ceramic Composite Brakes
陶瓷复合制动系统（PCCB）

保时捷陶瓷复合制动系统（Porsches Ceramic Composite Brakes，PCCB），是保时捷最为独特的制动技术之一。保时捷在2001年最早采用此技术，并且也是第一家将此技术大量运用在量产车上的汽车商。现在保时捷911车系更是全部标配陶瓷复合制动系统。

保时捷的陶瓷复合制动系统包括陶瓷制动盘和陶瓷制动钳，它们都是用碳纤维陶瓷化合物制成的。陶瓷制动盘直径为350毫米，比普通制动盘要大20%左右，但它的重量仅为金属制动盘的一半，大大降低了悬架的簧下质量，从而提高了车辆的操控性。更为重要的是，陶瓷制动盘比普通金属更耐高温、更耐磨，可以多次连续制动而不发生热衰减现象。陶瓷制动片的寿命更是高达25万千米，是一般制动片的5倍。保时捷陶瓷复合制动系统的最大缺点是成本过高，在德国的售价高达7830欧元。

新款 Boxster 前后轮的钻孔式陶瓷制动盘的直径均为350毫米，能够提供极高的制动性能。

- 通风式陶瓷制动盘
- 通风孔
- 制动钳

第三章 保时捷独门技术

陶瓷
制动盘直径为350毫米，比普通制动盘要大20%左右，但它的重量仅为金属制动盘的一半，大大降低了悬架的簧下质量，从而提高了车辆的操控性。

陶瓷制动盘加工场景图

Porsche Ceramic Composite Clutch
陶瓷复合离合器（PCCC）

继陶瓷复合制动系统后，保时捷又将陶瓷技术应用于离合器中，在运动型汽车Carerra GT上首次装备了陶瓷离合器（Porsche Ceramic Composite Clutch, PCCC）。这也是装备陶瓷离合器的第一款车型。

干式双盘离合器主要应用于赛车上。这种离合器可以使车辆重心更低，同时它的重量也相对较轻。这些对车辆的运动性有积极的作用。迄今为止，为了满足赛车的需要，通常都是使用碳纤维材料来制作离合器。然而，碳纤维离合器的寿命太短，对日常使用的车辆来说不太实用。保时捷采用陶瓷复合材料来制作离合器盘，不仅减轻了离合器重量，增强了耐磨性，还提高了使用寿命。

保时捷陶瓷复合离合器盘由碳纤维和金刚砂制作，它的外直径仅有169毫米。为了适用不同的车型，它的直径可以增大到380毫米。

保时捷陶瓷复合离合器构造图

Porsche Stability Management
保时捷稳定管理系统（PSM）

保时捷稳定管理系统（PSM）与我们比较熟悉的ESP、DSC、VSC等车身稳定系统的原理和作用基本相同，都是用来纠正和防止车辆转向过度或转向不足的主动安全系统。PSM通过传感器实时监控车速和横向加速度，并根据这些信息计算任何给定时刻的实际行驶方向。如果车辆开始出现转向过度或者转向不足，PSM将对各个车轮进行选择性制动，以使车辆恢复稳定。

在湿滑路面或低附着力路面上加速时，PSM通过自动制动差速锁（ABD）和加速防滑系统（ASR）功能来改善车辆的牵引力、灵活性以及安全性。集成的防抱死制动系统（ABS）旨在使制动距离保持在最小。

如果车主喜欢更具运动感的驾驶方式，则可以关闭PSM。不过，为安全起见，在车辆制动且需要ABS介入时，PSM依然会进行干预，而ABS和ABD则始终处于开启状态。此外，PSM还包括发动机制动转矩控制系统（EDC）、预制动和制动辅助装置。如果驾驶人突然松开加速踏板，则PSM会自动准备下一步行动：制动系统已被预先加压，制动片与制动盘已稍稍接触，因此可以更快地获得最大制动功率。制动辅助装置检测到紧急制动状态后，会产生为达到最大减速度所需的制动压力。

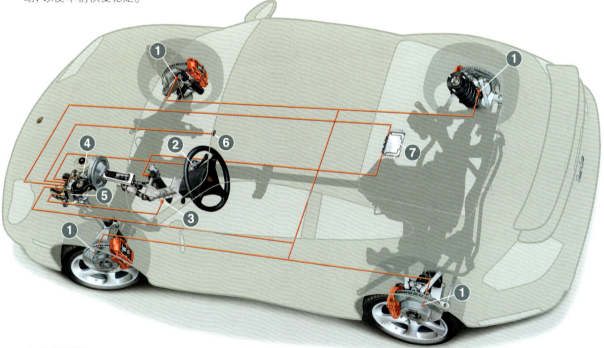

1 轮速传感器
2 整体式偏航速度和横向加速度传感器
3 方向盘角度传感器
4 预载泵
5 带压力传感器和控制单元的PSM 5.7系统
6 PSM开关
7 Motronic控制单元

保时捷稳定管理系统示意图

Porsche Traction control Management
保时捷牵引力控制管理系统（PTM）

要实现真正的高性能，并不能只凭借一台强大的发动机，还需要通过一种高效的方式将这种强大的动力传输到道路上。四轮驱动系统就是针对这一问题的一种解决方案。而保时捷的进一步解决方案则是配备保时捷牵引力控制管理系统（PTM），其中包括带有电控多片离合器、自动制动差速锁（ABD）和加速防滑系统（ASR）的恒时四轮驱动装置。其优点是能够持续监控驾驶条件，从而对路况变化做出更直接的响应。

监控工作主要由车载传感器完成。这些传感器用来测量一系列数值，包括所有四个车轮的转速、车辆的横向和纵向加速度，以及当前的转向角度。这些传感器数据由PTM进行实时分析，从而可以根据需要在适当的时候立即调节前桥驱动转矩。例如，如果后轮在加速时丧失牵引力，系统就会将更高比例的驱动转矩自动输送到前桥。同时，ASR通过调整发动机功率来防止后轮打滑。在转弯的时候，系统对输送到前轮的驱动转矩进行控制，以保持最佳的横向抓地力。

在附着力不断变化的路面上，利用自动制动差速锁（ABD）功能可以提高车辆的牵引力。如果某个车轮即将打滑，PTM将通过ABD进行制动，同时将更多的驱动转矩传递到同一车桥的另一个车轮上。

保时捷稳定管理系统（PSM）可以辅助PTM工作。这两个系统相互结合，能够提供出色的转矩分配，从而使车辆在所有驾驶条件下具有出色的性能。

保时捷Cayenne（卡宴）中央差速器构造图

保时捷Cayenne（卡宴）四轮驱动系统构造图

Chapter 4　Technical Illustrations
第四章　车型结构图解

保时捷是一个以技术打天下的品牌，拥有许多独特的技术和设计。因此，在进行产品推广时，保时捷非常喜欢用图解的方式来向人们展示其设计和技术上的与众不同。上图就是1974年保时捷911车型的广告——汽车的主要部件一目了然，其发动机的位置、变速器的位置以及备胎的位置都与当时的车型不同，充分展示了保时捷的独特魅力。下图是保时捷911 Targa车型透视图。

保时捷911 Targa车型透视图

Porsche 911
常青树：911

虽然保时捷911没有法拉利、兰博基尼等超级跑车那么极致的性能，但它的价格也相对比较亲民，至少不是什么天价跑车。保时捷911可以说是世界上最畅销的跑车。同时，911一直是保时捷品牌近50年来的核心所在。现在保时捷品牌的其他车型都是由911演变而来的。没有911，就没有保时捷，就没有其他车型。

911 Carrera S车身构造

制动液罐　真空制动助力器　制动主缸　减振器　制动钳

911 Carrera S动力性能

后置式发动机，后轮驱动，7速双离合变速器

最高车速：302千米/时，0—100千米/时加速时间：4.3秒（运动模式下为4.1秒）

911 Carrera S 性能

保时捷911 Carrera S是一款2门4座硬顶跑车,配备3.8升 6缸水平对置发动机,而普通版911 Carrera则配备3.4升水平对置发动机。Carrera S的最大功率高达400马力(294千瓦),采用7速双离合变速器,0—100千米/时加速只需4.3秒。选装Sport Chrono 组件时,通过按下"Sport Plus"(运动升级)按钮,完成0—100千米/时这一加速过程仅需4.1秒。911 Carrera S的最高车速为302千米/时。在中国售价约为155.4万元。

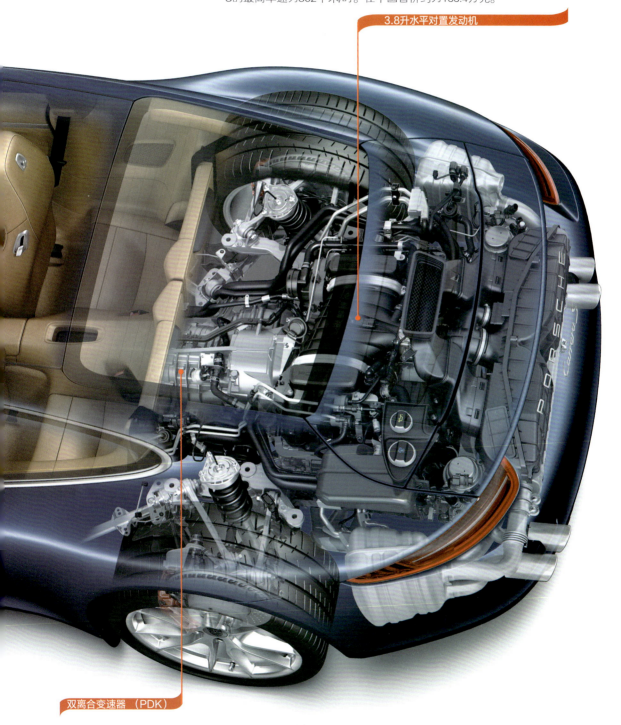

3.8升水平对置发动机

双离合变速器(PDK)

911 Carrera S 车身构造

911 Carrera S车身采用智能铝钢结构，车身壳体重量可减轻达65千克。

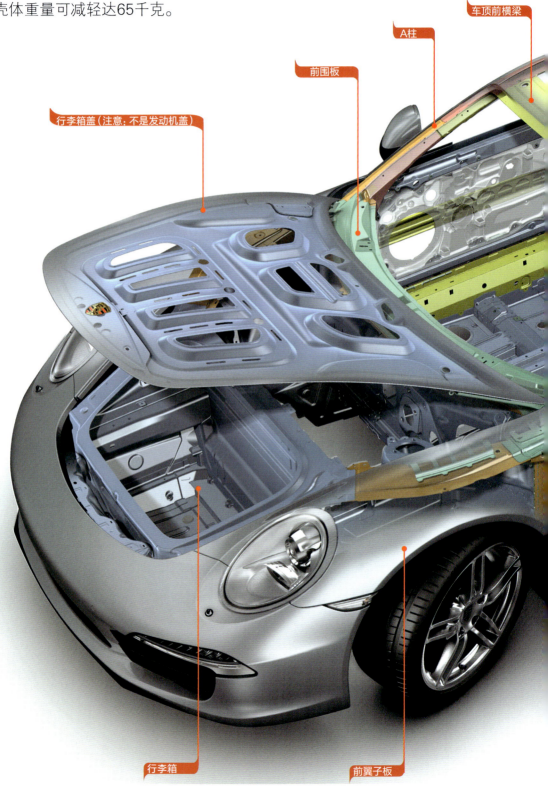

- 车顶前横梁
- A柱
- 前围板
- 行李箱盖（注意：不是发动机盖）
- 行李箱
- 前翼子板

第四章 车型结构图解

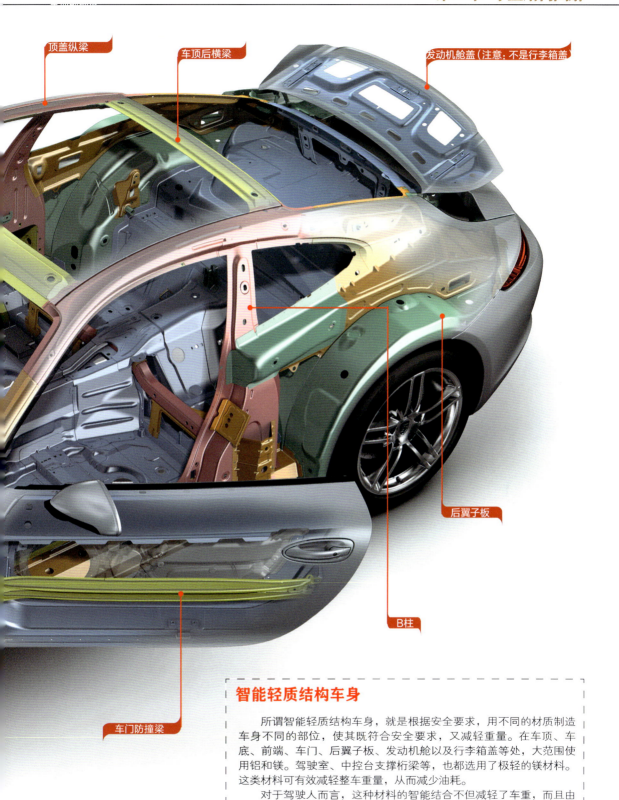

- 顶盖纵梁
- 车顶后横梁
- 发动机舱盖（注意：不是行李箱盖）
- 后翼子板
- B柱
- 车门防撞梁

智能轻质结构车身

所谓智能轻质结构车身，就是根据安全要求，用不同的材质制造车身不同的部位，使其既符合安全要求，又减轻重量。在车顶、车底、前端、车门、后翼子板、发动机舱以及行李箱盖等处，大范围使用铝和镁。驾驶室、中控台支撑桁梁等，也都选用了极轻的镁材料。这类材料可有效减轻整车重量，从而减少油耗。

对于驾驶人而言，这种材料的智能结合不但减轻了车重，而且由于其出色的减振特性和极高的复合刚度，还能够提供极高的舒适性和运动操控性。

911 Carrera S 技术

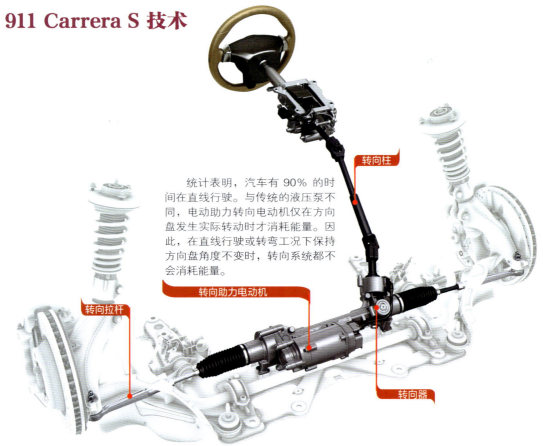

统计表明，汽车有 90% 的时间在直线行驶。与传统的液压泵不同，电动助力转向电动机仅在方向盘发生实际转动时才消耗能量。因此，在直线行驶或转弯工况下保持方向盘角度不变时，转向系统都不会消耗能量。

911 Carrera S 电动机械助力转向系统

保时捷动态底盘控制（PDCC）是一种主动防侧倾系统。它能够预见并显著减小转弯时车身的横向运动，这是借助前桥和后桥上带有液压旋转电动机的主动防倾杆实现的。系统会根据当前的转向角和横向加速度产生一个稳定力，以精确抵消车身的摇摆力。如图所示，当弯道外侧的车轮向上抬起时，防倾杆外侧端头的液压调节器会"压缩"，内侧端头的液压调节器则会"伸展"，从而抵消车身扭转的力量。这将使车辆在各种车速下都能获得更大的灵活性、更灵敏的转向以及稳定的载荷转移特性，并提高乘员舒适性。

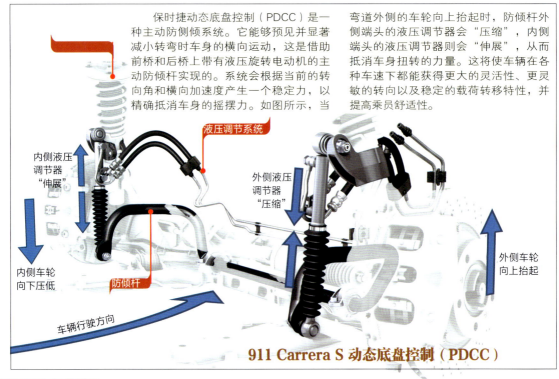

911 Carrera S 动态底盘控制（PDCC）

第四章 车型结构图解

主动悬架系统原理

保时捷主动悬架系统（PASM）也称电子减振控制系统，它可在不降低行车高度的情况下，根据驾驶方式和路况主动连续地调节减振器的阻尼力。

PASM 提供两种模式，可以通过中控台上一个单独的按钮进行选择。"Normal"（标准）模式兼顾性能和舒适性，"Sport"（运动）模式则采用更硬的设置。

当进行强力加速、制动或在不平坦路面上行驶时，传感器将记录车身的运动。PASM 控制单元对驾驶条件进行评估，并根据所选模式调整各个车轮上的阻尼力。

在"Sport"（运动）模式下，悬架系统会被设置到更硬的减振等级。在不平坦路面上行驶时，PASM 立即切换至较软的减振等级，从而改善车轮与路面的接触情况。当路况改善后，PASM 又会自动恢复到原先较硬的减振等级。如果选择"Normal"（标准）模式，当驾驶人的驾驶方式较为激烈时，PASM 自动切换至更硬的减振等级。此时减振变得更硬，行驶稳定性和道路行驶安全性也相应提高。

保时捷主动悬架系统（PASM）

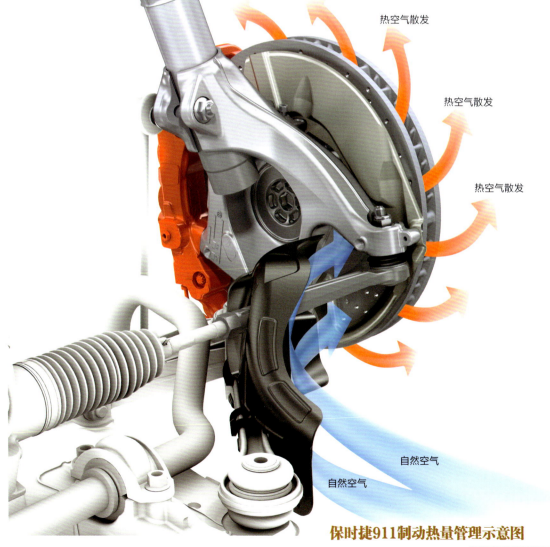

保时捷911制动热量管理示意图

911 GT3车身构造

减振弹簧　制动钳

911 GT3动力性能

从静止加速到100千米/时只需3.5秒，最高车速可达315千米/时
3.8升水平对置式发动机，后置发动机，后轮驱动，7速双离合变速器

第四章 车型结构图解

双离合变速器（PDK）
3.8升水平对置发动机

什么是"后置后驱"方式？

只有将发动机放置在后轴的后面，并采用后轮驱动的布局形式，才能称为真正的"后置后驱"（Rear engine Rear drive，简称RR）。由于这种布局形式过于独特，现在只有在保时捷911等高性能车型上才会采用。这种布局形式有三大特点：

1）起步和加速性能更优秀。发动机、变速器等重量更集中于车辆后部，又采用后轮驱动，因此在车辆起步和加速时，后轮上的强大抓地力会得到充分的利用，发动机的动力会得到淋漓尽致的发挥。

2）传动效率较高。发动机和驱动轮非常近，省去了前置后驱车型上那根长长的传动轴，因此它的动力传递会更直接。

3）转向更灵敏。重量主要集中在车辆尾部，使车头的质量减小，前轮的负载更小，因此车头的转向会变得异常灵活，方向盘的响应也会更快。

911 GT3悬架系统

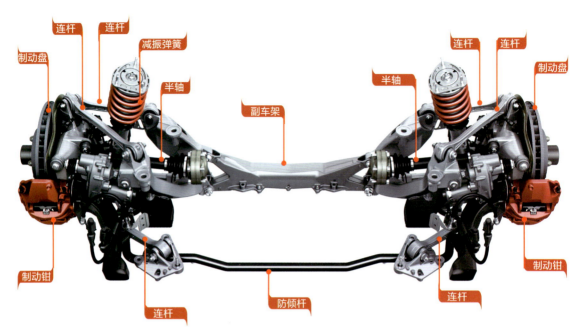

保时捷 911 GT3 多连杆式后悬架构造图

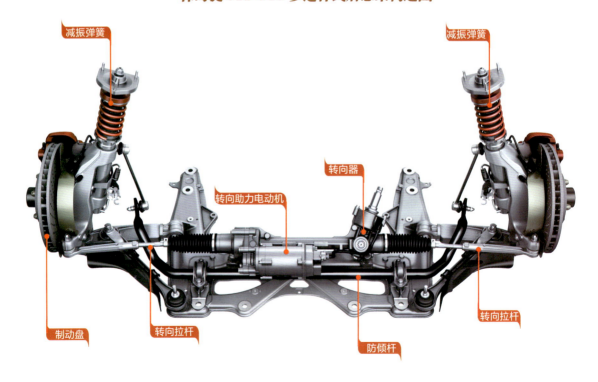

保时捷 911 GT3 麦弗逊式前悬架构造图

第四章 车型结构图解

保时捷 911 GT3 3.8升水平对置发动机构造图

动态发动机支座

较硬的发动机支座虽然能够提供最佳动态性能，带来最高的操控精准度，但它对发动机振动的吸收能力较差。而软发动机支座虽然能够将发动机的晃动和振动降至最低，改善车辆在崎岖路面上行驶时的舒适性，但却会影响动态性能。

保时捷的动态发动机支座则可根据汽车的行驶状态自动调节它的软硬度，从而将发动机的晃动和振动降至最低程度，并能够在全负荷加速时减小发动机的纵向晃动。

保时捷 911 GT3动态发动机支座构造图

911 GT3 RS车身构造

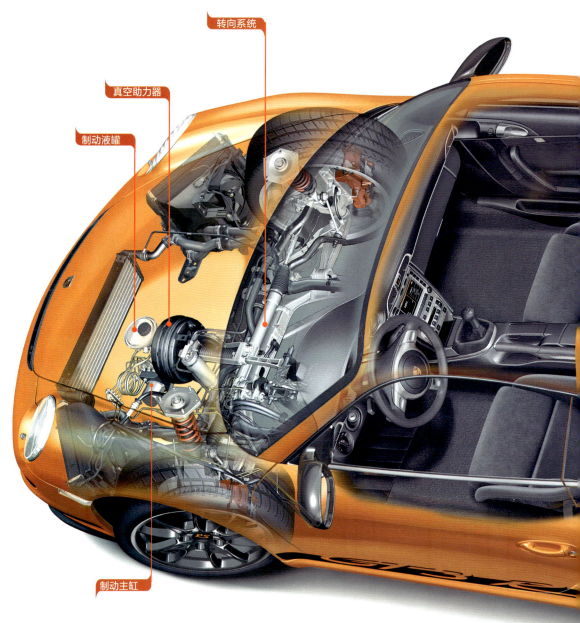

911 GT3 RS动力性能

普通版：3.8升水平对置发动机，450马力（331千瓦），
6速序列式手动变速器
0—100千米/时加速时间：4.0秒；0—200千米/时加速时间：13.3秒
限量版：4.0升水平对置发动机，500马力（367.7千瓦），
6速序列式手动变速器
0—100千米/时加速时间：3.9秒；0—200千米/时加速时间：12秒

第四章 车型结构图解

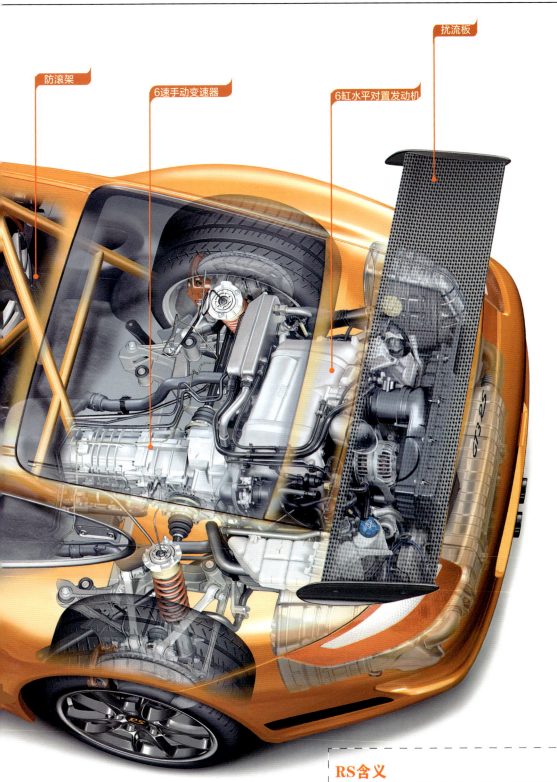

- 防滚架
- 6速手动变速器
- 6缸水平对置发动机
- 扰流板

RS含义

保时捷 911 GT3 RS是专为参加汽车比赛而设计的车型。它根本不需要改装就可以直接参加比赛,因为它在车身防护、减轻重量等方面都为比赛进行了特别设计。

RS是德语Rennsport(竞速运动)的缩写。

911 Carrera GT车身构造

2004年上市，2006年停产，
共生产1270辆

保时捷21世纪代表作

　　911 Carrera GT被誉为保时捷进入21世纪后的代表作，它在2003年巴黎车展上以保时捷的旗舰跑车身份风光登场，并从2004年开始销售。Carrera GT采用5.7升V10发动机、中置后驱，在当时被认为是用来对抗法拉利Enzo的利器。

　　在大幅轻量化的概念下，Carrera GT车重仅1380千克，0—100千米/时的加速时间只要3.9秒，最高车速达到330千米/时。从性能数字上完全可以比拼法拉利Enzo，并且特别制定了1500辆的配额限制。虽然一开始销售情况还不错，但好景不长，最终仅销售出1270辆，而且一多半的Carrera GT被美国人买走。无奈之下，保时捷911 Carrera GT在2006年5月6日停产。

第四章 车型结构图解

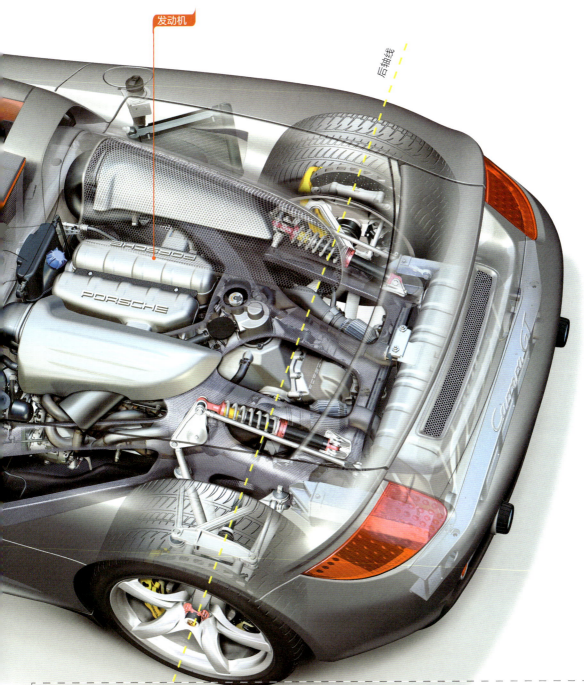

发动机

后轴线

中置后驱方式的特点

中置后驱是指发动机放在后轴前面并采用后轮驱动（后中置后驱），或发动机放在前轴后面并用后轮驱动（前中置后驱），英文是 Middle engine Rear wheel drive，简称MR。

现在MR设计已是高级跑车的主流驱动方式，它的最大特点就是将车辆中惯性最大的发动机置于车体的中央，这是使MR车获得最佳运动性能的重要保证，因为MR车的前后轴负荷比接近理想平衡的50:50。

MR兼具FF、FR的优点，转向灵敏准确，制动时不会出现头沉尾翘的现象。但MR有一个先天毛病，就是直线稳定性较差。为解决这一问题，所有MR汽车的后轮尺寸均较前轮大；第二个缺点是车厢太窄，一般只能有两个座位。另外，驾乘人员离发动机太近，因此噪声较大。但追求驾驶性能的人就不会在乎这些不足，因此绝大多数的超级跑车，都采用MR形式设计。

911 Carrera GT动力系统

保时捷911 Carrera GT超级跑车5.7升V10发动机构造示意图

第四章 车型结构图解

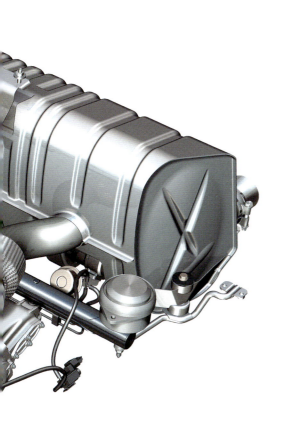

911 Carrera GT技术参数

发动机形式：5.7升，V形10缸，自然吸气
排气量：5733毫升
最大功率：612马力（450千瓦）/8000（转/分）
最大转矩：590牛·米/5750（转/分）
最高转速：8400转/分
变速器：6速手动变速器，配陶瓷复合离合器
最高时速：330千米/时
0—100千米/时加速时间：3.9秒
0—160千米/时加速时间：6.9秒
0—200千米/时加速时间：9.9秒
2004年报价：44万美元或40万欧元

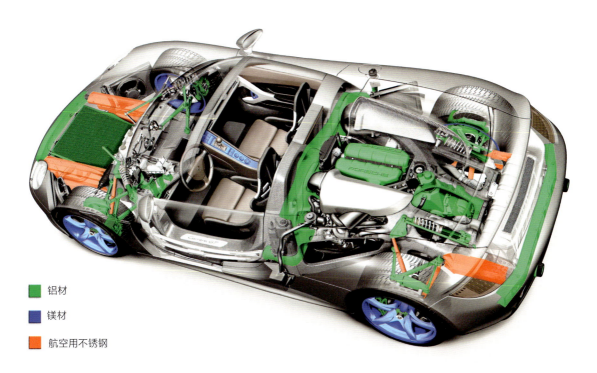

- 🟩 铝材
- 🟦 镁材
- 🟧 航空用不锈钢

保时捷911 Carrera GT超级跑车车身构造示意图

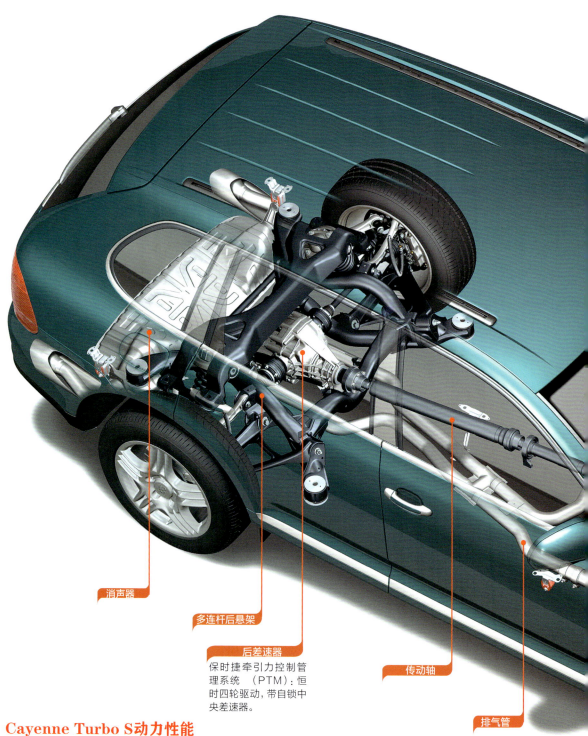

消声器

多连杆后悬架

后差速器
保时捷牵引力控制管理系统（PTM）：恒时四轮驱动，带自锁中央差速器。

传动轴

排气管

Cayenne Turbo S动力性能

4.8 升 V8 发动机，
输出高达550马力（405千瓦）的功率，
最大转矩750牛·米
从静止加速到 100千米/时仅需 4.5 秒，
最高车速可达 283千米/时

Cayenne Turbo S动力系统

第四章 车型结构图解

Porsche Cayenne
站起来的跑车：Cayenne

保时捷Cayenne(卡宴)最早于2002年在日内瓦车展亮相,一时轰动世界车坛。因为保时捷自创建以来就一直制造跑车,而SUV则是强调通过性的车型,与跑车好像不沾边。但保时捷的SUV是如此与众不同,不仅外观时尚动感,性能更是出众,具有较多的跑车因素,因此卡宴又被誉为"站起来的跑车"。在西班牙语中,Cayenne是"辣椒"的意思。

Cayenne有Cayenne、Cayenne S、Cayenne Turbo、Cayenne Turbo S和Cayenne GTS五个车型。其中,Cayenne Turbo S从静止加速到100千米/时只需4.5秒,最高车速为283千米/时,这比很多跑车都要快。最慢的3.0升Cayenne,从静止加速到100千米/时也只需7秒。

8速 Tiptronic S 自动变速器,带自动起动/停止功能和方向盘换档控制。
变速器

4.8升V形8缸,涡轮增压发动机,550马力(405千瓦)/6000(转/分),750牛·米/2250~4500(转/分)。
发动机

空调和发动机散热器

Cayenne GTS动力系统

车辆在自动变速器升到 6 档时就已达到最高车速。在7档和8档时,可以降低高车速时的发动机转速,从而提高燃油经济性和乘员舒适性。尤其是在高速公路上,以低转速行驶将有明显降低车内的噪声等级,且节省燃油。

保时捷Cayenne 8速自动变速器

自然吸气式 4.8 升 V8 发动机,最高功率420 马力(309千瓦),最大转矩达到 515 牛·米。

发动机

中央进气孔

醒目的中央进气孔是Cayenne GTS的主要特征之一。SportDesign 套装也作为GTS的标准配置安装。Cayenne GTS与其他Cayenne车型的最大区别就是外观上更加动感,而且还配有胭脂红和橄榄石绿金属漆两种独有的颜色。

第四章 车型结构图解

多连杆后悬架
Cayenne GTS上配备的运动型悬架系统的行车高度比其他 Cayenne 车型低了 24 毫米，从而降低了重心。而且标配的保时捷主动悬架管理系统（PASM）是一种电子减振控制系统，能够根据当前路况和驾驶方式连续调节各个车轮悬架的阻尼力。

燃油箱

保时捷Cayenne GTS动力系统

Cayenne GTS动力性能

4.8 升 V8 自然吸气式发动机，输出功率高达420马力（309千瓦），从静止加速到 100千米/时仅需 5.7 秒，最高车速可达 261千米/时

Cayenne 车身构造

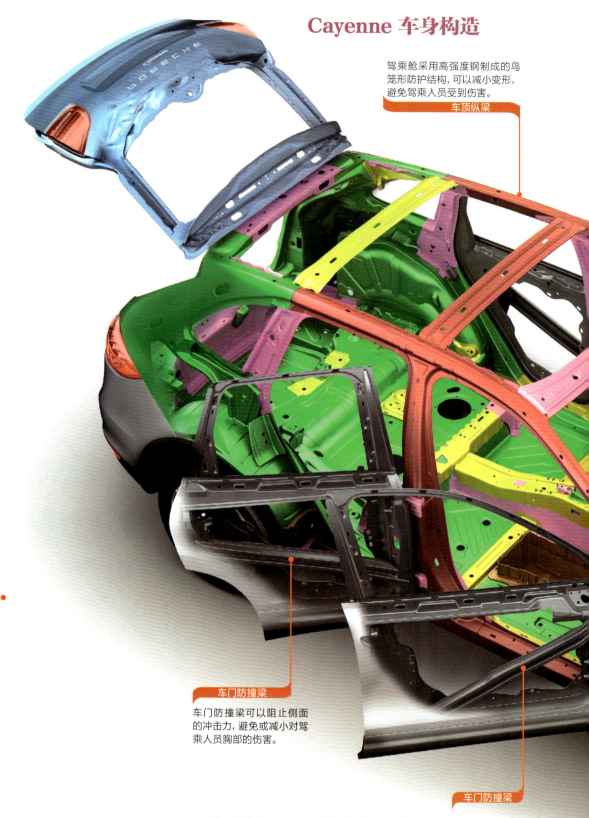

驾乘舱采用高强度钢制成的鸟笼形防护结构,可以减小变形,避免驾乘人员受到伤害。
车顶纵梁

车门防撞梁
车门防撞梁可以阻止侧面的冲击力,避免或减小对驾乘人员胸部的伤害。

车门防撞梁

保时捷Cayenne车身构造示意图

第四章 车型结构图解

■ 超高强度钢
■ 高强度钢
■ 中强度钢
■ 铝
■ 拼焊板

中央进气孔
在碰撞事故中,车辆前部的侧梁和横梁以预先设计的安全方式引导碰撞能量避开驾乘舱。

Cayenne 技术图解

主动式防倾杆

主动式防倾杆的功能与普通防倾杆一样，都是为了防止车身倾斜。之所以称为主动，是因为在防倾杆的中部安装了一套可以反向抵抗防倾杆扭转的装置。它的控制单元可以根据车辆转向角传感器、位于悬架上的高度传感器以及横向加速度传感器等信号，来判断车辆的侧倾幅度和状态，从而决定是否起动主动防倾杆，并使防倾杆内部发出反向扭转力，从而主动地减小车身发生侧倾的可能性。

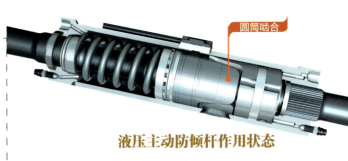

液压主动防倾杆作用状态（圆筒啮合）

液压主动防倾杆关闭状态（圆筒分离）

液压主动防倾杆液压泵

主动防倾杆工作过程

主动防倾杆系统根据当前的转向角和横向加速度，来决定是否需要打开主动防倾功能，然后由控制单元向液压泵发出控制信号（左下图中红线所示），液压泵（左图）驱动主动防倾杆中的圆筒（如上图示）啮合或分离，从而使主动防倾杆处于打开或关闭状态。

保时捷Cayenne液压主动防倾杆控制系统示意图

后主动防倾杆

前主动防倾杆

第四章 车型结构图解

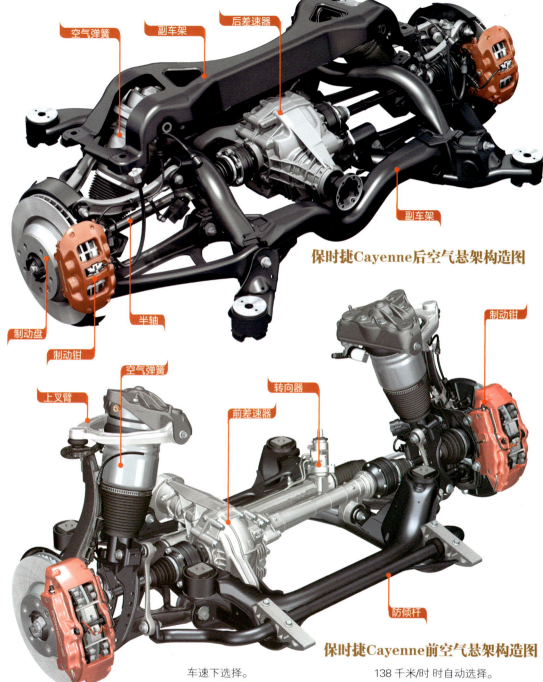

保时捷Cayenne后空气悬架构造图

保时捷Cayenne前空气悬架构造图

空气悬架实现离地间隙调节

新款 Cayenne 车型配备带有自动水平调节、行车高度控制和 PASM 的空气悬架系统，可以通过中控台上的行车高度控制按钮调节车辆的离地间隙。

1.加高高度Ⅱ

比标准高度高 58 毫米；最大离地间隙：268 毫米（Cayenne Turbo：273 毫米）；在30 千米/时车速下选择。

2.加高高度Ⅰ

比标准高度高 28 毫米；最大离地间隙：238 毫米（Cayenne Turbo：243 毫米）；在最高 80 千米/时 车速下选择。

3.标准高度

最大离地间隙：210 毫米（Cayenne Turbo：215 毫米）

4.低位高度Ⅰ

比标准高度低 22 毫米；最大离地间隙：188 毫米（Cayenne Turbo：193 毫米）；在车速超过 138 千米/时 时自动选择。

5.低位高度Ⅱ

比标准高度低 32 毫米；最大离地间隙：178 毫米（Cayenne Turbo：183 毫米）；在车速超过 210 千米/时 时自动选择（不可手动选择）。

6.装载高度

比标准高度低 52 毫米；最大离地间隙：158 毫米（Cayenne Turbo：163 毫米）；只能在车辆静止时选择。

Cayenne 发动机构造

进气歧管

VarioCam可变气门
系统能够区分普通道路行驶和高性能行驶，并自动调节进气门的正时和升程。在中速和最小负荷下，气门升程减小，正时提前，以使耗油量和排放达到最低值；在高速和大负荷下，气门升程增大，正时延后，以提高汽车的动力性能。

凸轮轴

排气歧管

涡轮增压器
在Cayenne Turbo 中，并联的两个涡轮增压器能够辅助发动机工作。每个涡轮增压器各用于一列气缸。进气流经滤清器后由涡轮装置压缩，然后在两个中冷器中冷却，从而改善气缸进气，降低发动机热负荷。

保时捷4.5升V8涡轮增压汽油发动机

Porsche Macan
小老虎：Macan

"Macan"一词源于印度尼西亚语，意为"老虎"。它是保时捷推出的一款中型SUV，与奥迪Q5同平台开发，配有空气弹簧，可以自动调节车身高度。Macan入门级车型搭载2.0升直列4缸涡轮增压发动机，最大功率173千瓦；中档配置搭载3.0升V6双涡轮增压发动机，最大功率250千瓦；旗舰车型搭载的是3.6升V6双涡轮增压发动机，最大功率294千瓦(400马力)，最高车速为266千米/时，0—100千米/时的加速时间为4.8秒。

Macan配备7速双离合变速器，并将带保时捷主动悬架管理系统（PASM）的空气悬架作为标准配置。它可基于当前路况和驾驶风格调节减振阻力。

Macan后悬架：多连杆式独立悬架

Macan前悬架：双叉臂式独立悬架

Porsche Panamera
四门GT先锋：Panamera

跑车都非常重视速度和运动性能，往往会牺牲舒适性，尤其是空间狭窄，一般都只能安排两个座位。喜欢创新的保时捷就想打造一款既能跑也能坐的车型，也就是兼顾运动性和舒适性的车型。由此，保时捷的四门GT跑车Panamera应运而生。

V8自然吸气式汽油发动机，排量4806毫升，440马力（324千瓦）/6700（转/分），520牛·米/3500（转/分），压缩比12.5:1，铝质曲轴箱和气缸盖；4个顶置凸轮轴；每缸4气门；可变进气门正时和气门升程（VarioCam升级版）；液压气门挺杆；燃油直喷；每个气缸列有两个三元催化器，均配有两个氧传感器；10.85升机油；热量管理；自动起动/停止功能。

发动机

Panamera GTS动力性能

前置发动机，四轮驱动，7速双离合变速器
0—100千米/时加速：4.4秒，最高车速：288千米/时

第四章 车型结构图解

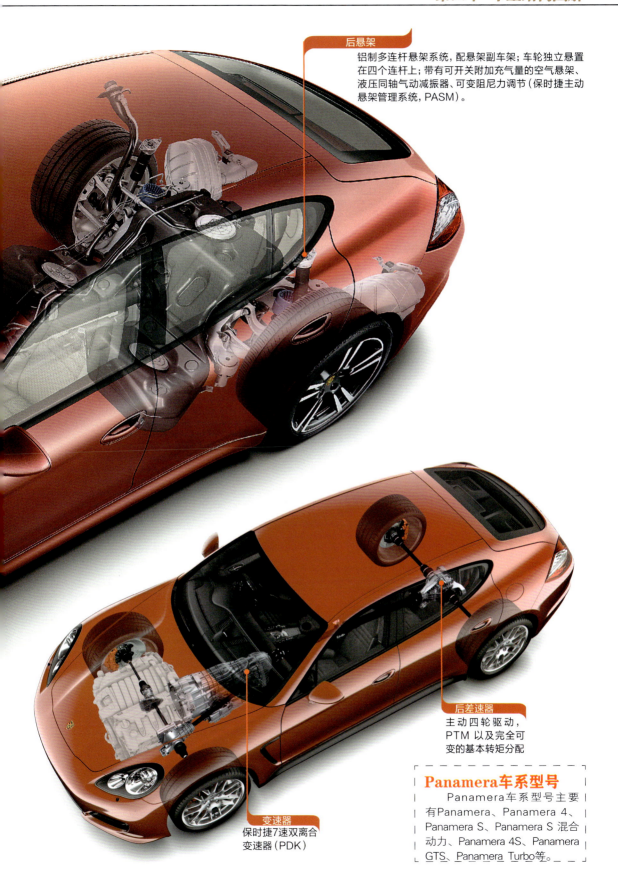

后悬架
铝制多连杆悬架系统,配悬架副车架;车轮独立悬置在四个连杆上;带有可开关附加充气量的空气悬架、液压同轴气动减振器、可变阻尼力调节(保时捷主动悬架管理系统,PASM)。

后差速器
主动四轮驱动,PTM 以及完全可变的基本转矩分配

变速器
保时捷7速双离合变速器(PDK)

> **Panamera车系型号**
> Panamera车系型号主要有Panamera、Panamera 4、Panamera S、Panamera S 混合动力、Panamera 4S、Panamera GTS、Panamera Turbo等。

Panamera GTS技术

Panamera Turbo 自动升起扰流板

后传动轴
中央差速器
前传动轴
前差速器
半轴

Panamera GTS 四轮驱动系统

Panamera GTS空气悬架

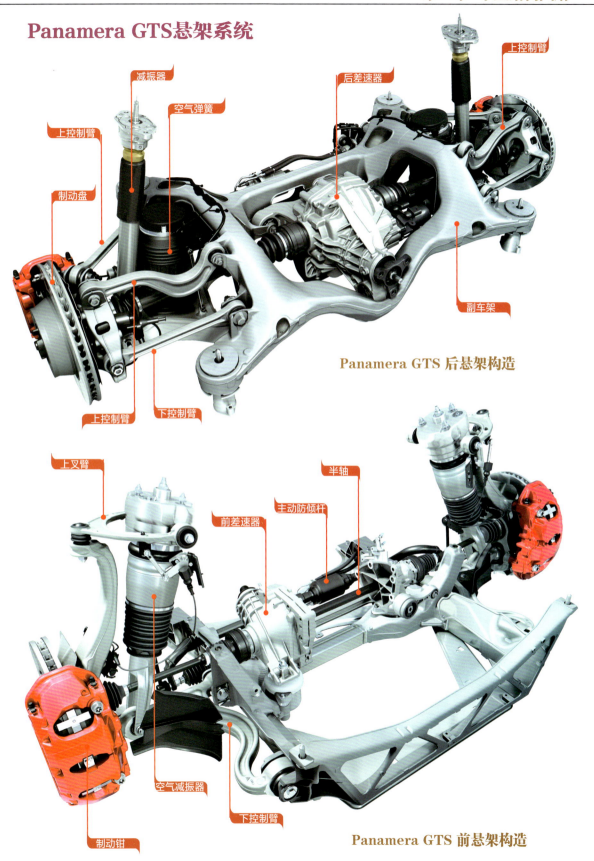

Panamera S E-Hybrid混合动力车型

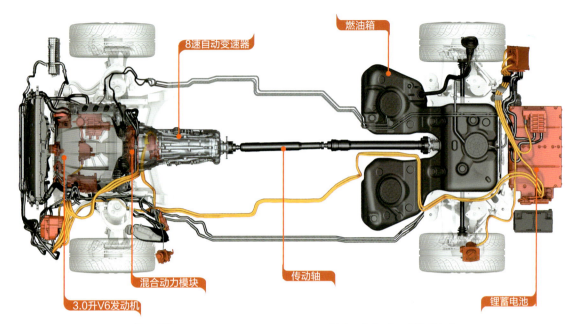

保时捷Panamera S E-Hybrid混合动力车型构造图

Panamera混合动力车型性能

采用插电技术的并联式重混合动力系统，配有内燃机以及带电动机和分离离合器的混合动力模块。

系统功率：416马力（306千瓦），对应转速为5500转/分
最大转矩：590牛·米，对应转速为1250~4000转/分
最高车速：270千米/时
电动行驶最高车速：135千米/时
电动模式续航里程：18~36千米
0—100千米/时加速时间：5.5秒
0—200千米/时加速时间：19.0秒
百千米综合耗油量：3.1升

保时捷Panamera S E-Hybrid混合动力车型

第四章 车型结构图解

带电动机和分离离合器的混合动力模块

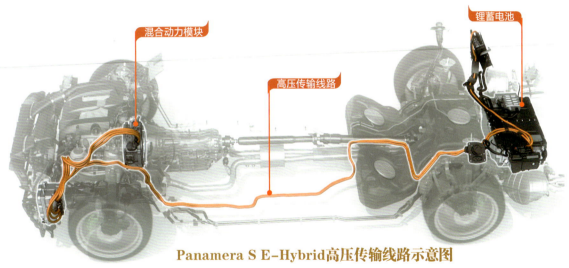

Panamera S E-Hybrid高压传输线路示意图

锂蓄电池防撞构造示意图

Porsche 718 Boxster
公路拳击手：718 Boxster

保时捷718 Boxster是一款双座敞篷跑车。Boxster一词由Box+ster组合而来。Box来自Boxer，代表保时捷水平对置发动机；ster是Roadster（运动型双座敞篷车）的简写。1993年，保时捷Boxster首次在北美车展上展出。1996年底，保时捷正式量产Boxster并投放市场。从此时起，保时捷Boxster成为保时捷销量最大的车型。

保时捷Boxster在2012年推出第三代车型，全车系标配电动软顶敞篷。在发动机运转状态下，顶篷可在大约9秒内打开和关闭，并可在最高50千米/时的车速下操作。当车辆静止时，也可通过车钥匙遥控操作顶篷打开和关闭。

和其他保时捷车型一样，隐藏在车身尾部的电动尾翼可以自动伸缩，在车速达到120千米/时时会自动升起，在车速降到80千米/时时自动收回。如此设计，是为了兼顾高速行驶时的稳定性以及低速行驶时车身线条的流畅性。

发动机散热器

发动机散热器

718 Boxster S车型动力性能

0—100千米/时加速时间为4.8秒，最高车速为277千米/时

保时捷718 Boxster S技术参数

- 发动机形式：水平对置6缸
- 排气量：3436毫升
- 最大功率：315马力（232千瓦）/6700（转/分）
- 最大转矩：360牛·米/4500～5800（转/分）
- 压缩比：12.5∶1
- 驱动形式：后中置、后轮驱动
- 变速器：7速双离合变速器
- 最高时速：277千米/时
- 0—100千米/时的加速时间：5.0秒（4.8秒，运动模式）
- 0—160千米/时的加速时间：10.9秒（10.7秒，运动模式）
- 2017年报价：85.8万元人民币

6缸水平对置发动机

后轴线

7速双离合变速器

718 Boxster S车身构造

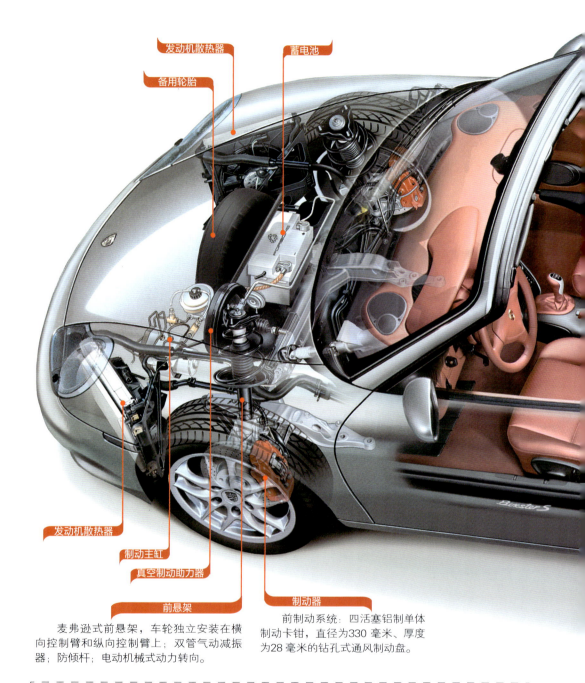

发动机散热器

蓄电池

备用轮胎

发动机散热器

制动主缸

真空制动助力器

前悬架
麦弗逊式前悬架，车轮独立安装在横向控制臂和纵向控制臂上；双管气动减振器；防倾杆；电动机械式动力转向。

制动器
前制动系统：四活塞铝制单体制动卡钳，直径为330毫米、厚度为28毫米的钻孔式通风制动盘。

全电动顶篷

Boxster配备的全电动活动顶篷由两台电动机驱动，并通过经由前车窗框上中央锁止机构的新型全电动锁止机构固定。在车速不超过50千米/时时，按下中控台上的跷板开关，即可在9秒内开启或关闭顶篷。

第四章 车型结构图解

水冷水平对置式6缸发动机；铝制发动机气缸体和气缸盖；4个顶置凸轮轴，每缸4个气门；进气侧可变气门正时和气门升程（VarioCam升级版）；液压气门间隙补偿；燃油直喷；三元催化器，每个气缸列各带有两个氧传感器；10.1升机油；带静态点火电流分配的电子点火系统（6个主动式点火线圈）；用于发动机和变速器冷却回路的热量管理系统；自动起动/停止功能。

发动机和变速器用螺栓连接在一起，组成一个单独的驱动单元；后轮驱动；6速手动变速器，选装7速双离合变速器。

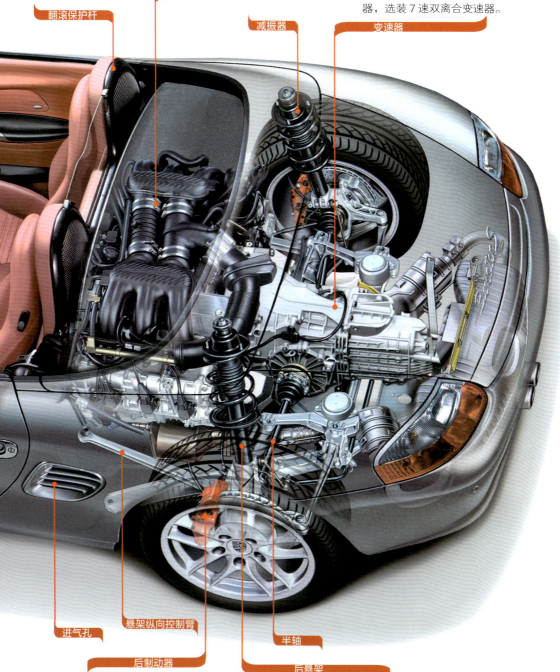

3.4升水平对置6缸发动机
减振器
变速器
翻滚保护杆
进气孔
悬架纵向控制臂
后制动器
半轴
后悬架

后制动系统：四活塞铝制单体制动卡钳，直径为299毫米、厚度为20毫米的钻孔式通风制动盘。

车轮独立安装在横向控制臂、纵向控制臂、横拉杆和悬架系统滑柱上（麦弗逊式设计）；圆柱螺旋弹簧带内置同轴减振器；防倾杆。

Porsche 718 Cayman
激情跑车新贵：718 Cayman

718 Cayman（卡曼）是保时捷在718 Boxster基础上开发的入门级双门硬顶车型，级别介于718 Boxter与911 Carrera之间。

Cayman英文原意为凯门鳄、宽吻鳄，此动物以强大的力量、行动灵活、迅速的反应及准确无误的攻击著称。

Cayman和Boxter共享底盘和动力系统。可以说Cayman是Boxster的升级版，填补了Boxster与911之间的定位空白。

718 Cayman S动力性能

采用中置后驱式传动方式，7速双离合变速器
从静止加速到100千米/时需4.9秒，最高车速为281千米/时
选装Sport Chrono组件，从静止加速至100千米/时仅需4.7秒

718 Cayman S 采用3.4升水平对置式6缸发动机,可在7400转/分转速下产生325马力(239千瓦)的动力,在 4500~5800 转/分转速区间获得370牛·米的最大转矩。

- 3.4升水平对置发动机
- 多连杆式后悬架
- 7速双离合变速器

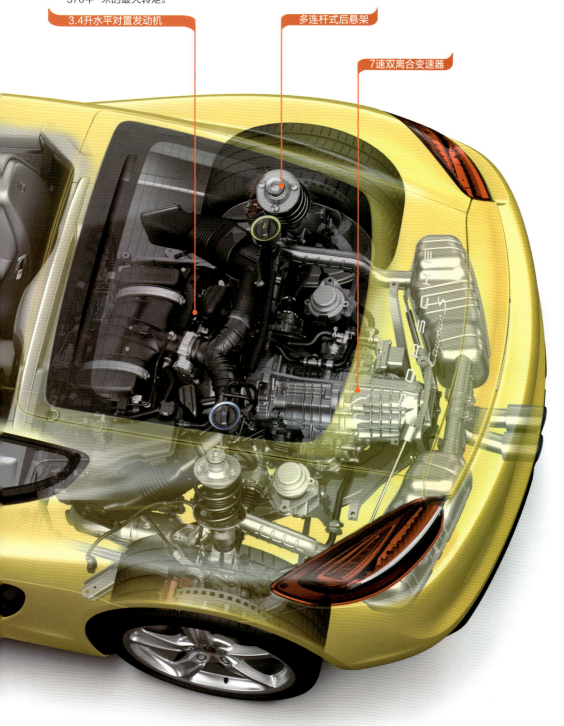

718 Cayman S车型技术

将发动机放置在后轴前面，称为"后中置"发动机，以便与将发动机放置在前轴后面的"前中置"发动机相区别。

后中置式发动机和变速器布局位置

当车速超过120千米/时时，车尾扰流板便会自动升起。升起高度可达8厘米。驾驶人也可以通过车内的控制按键手动控制其升起。

车尾自动扰流板

718 Cayman自动升起扰流板示意图

718 Cayman S车身构造

环绕声音响系统由8个放大器通道组成,总输出功率为445瓦。系统共有10个扬声器,包括一个整合在车身壳体上并隐藏在仪表板后面的有源副低音扬声器。它能够产生均衡的音响效果。

718 Cayman环绕声音响系统示意图

- 铝
- 轻合金
- 中强度钢
- 高强度钢
- 超高强度钢

车门、行李箱盖和后舱门均采用轻质铝打造。铝材料占到了整个车身壳体的44%

718Cayman车身轻量化构造示意图

Porsche 918 Spyder
混合动力超级跑车：918 Spyder

保时捷918 Spyder是混合动力车型。它采用4.6升V8发动机，后中置，只负责驱动后轮。两个电动机分别负责两个前轮和两个后轮的驱动。保时捷918 Spyder限量生产918辆，起售价格高达63万美元。

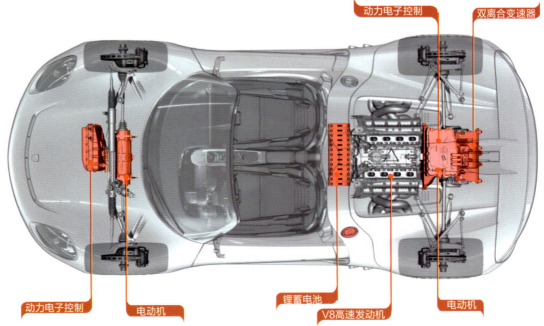

918 Spyder动力性能

混合动力，全时四轮驱动
最高车速：320千米/时；0—100千米/时加速时间：3.1秒

第四章 车型结构图解

Chapter 5 50 Years of the Porsche 911
第五章 911跑车五十年经典进化

50 Years of the 911
911跑车五十年

自1963年首次亮相以来，911系列就在不断地提升与发展，其独有的特性也始终得以传承。1964年，该车型正式更名为"911"。经过长达50年的发展，保时捷911已发展到7代车型（内部称为991），每一代都书写了一段成功传奇。自1963年面世以来，保时捷在斯图加特祖文豪森工厂共生产了82万余辆911。世界上再没有第二辆跑车如此受车迷的欢迎。

1961年，保时捷就开始打造911，这是754型样车

第一代保时捷911

1963年，保时捷911车型（当时的型号为"901"）

第五章　911跑车五十年经典进化

费利·保时捷曾经这样概括911卓尔不群的独特品质："911是一款既能在非洲撒哈拉沙漠纵横，又能在勒芒赛道上驰骋的跑车；它既能陪伴你前往剧院，也能让你自由穿梭于纽约的繁华闹市。"

不论您置身于哪一代保时捷911，都会立即产生近似而熟悉的感觉。首先映入驾驶人眼帘的是5个标志性圆形仪表；点火开关位于方向盘左侧，用于起动后置6缸发动机。无论是风冷式还是水冷式，动力澎湃的水平对置发动机始终都是911的核心。后置水平对置发动机独特的声音可谓绝无仅有。此外，保时捷水平对置发动机的可靠性堪称传奇，有史以来打造的所有保时捷车辆中，如今仍有三分之二在路上行驶。

保时捷911 五十周年纪念版

The First 911
911 车系起源

1954年，保时捷356 Cabrio

911 车系的祖先可追溯到保时捷356以及保时捷所设计的另一款杰作——大众甲壳虫车型。位于911前端的行李箱以及后置式水平对置发动机的设计并非偶然，这些其实都来源于当年的甲壳虫。

保时捷356拥有传奇般的一生，而911则必须"子承父业"。356的销量高达7.8万辆，作为其继任车型，911被寄予续写356成功传奇的厚望。就技术层面而言，它应当代表最新技术水平，甚至领先其所处的时代。此外，这款车型必须更大，这样才能在双门双座设计理念的基础上仍拥有足够的空间，如能在行李箱中放入高尔夫运动包。

1956年，保时捷356 A Carrera Coupe

为了满足这些要求，保时捷工程师创造了一种全新、大胆的设计，从而为这款车型的巨大成功奠定了技术基础。例如，901车型（内部称号）并未采用356的车架和底盘，而是全部进行了重新设计。为了使行李箱更宽敞，设计师在车辆前部采用了节省空间的麦弗逊式悬架，在车辆后部则用半拖曳臂式悬架取代了过时的摆动桥。

1964年，保时捷356 C Carrera Coupe

第五章 911跑车五十年经典进化

保时捷356　　保时捷901

1964年，保时捷901（右），356 C Coupe（左）

后置式水平对置发动机设计是保时捷911的最大特点之一。这个设计并非偶然，其实来源于当年的大众甲壳虫汽车。

Name Origin
911 名称的由来

在确定新车型的名称时,鉴于可能在未来与大众工厂进行合作,所以保时捷最初以大众工厂零配件编号作为命名基础。由于数字 900 在大众工厂尚未被分配,保时捷的决策者分别为 6 缸版本和后来的 4 缸版本选择了 901 和 902 作为车型名称。1963 年 9 月 12 日,在这极具纪念意义的一天,保时捷在法兰克福国际车展上首次推出 901 原型车。然而,这款车型的量产之路比较漫长。直到第二年,保时捷的工程师们才将 901 从原型车阶段带入了量产阶段。这款车型于 1964 年 10 月上市。

1964 年 9 月,保时捷 901 亮相于举世瞩目的巴黎车展。这场展览给保时捷带来了意想不到的麻烦。1964 年 10 月初,保时捷管理层意外收到法国标致汽车公司的抗议。标致认为,车型名称 "901" 违反了法国版权商标保护法。最初,这令大家疑惑不解,因为 901 这一车型名是保时捷按照传统根据相关设计编号命名的,并且经过了研发部门严谨的推敲。只有一家德国货车制造商曾使用过 901 这一名称,但这对保时捷而言并无大碍。但是标致公司指出,它们自 1929 年开始便已使用中间为 0 的三位数字作为车型名,在法国拥有所有相似数字顺序的法定使用权。

于是,保时捷只能在 901 车型发布中期对其重新命名。1964 年 11 月 22 日,在考虑了众多选择后(包括使用 "GT" 等后缀),费利·保时捷决定将这款车型更名为 "911"。这一决策是基于各种实际因素而做出的产品介绍、价目表和说明书以及位于汽车尾部和杂物箱盖上的车型编号均已确定,这意味着重复使用原本就存在的数字 "1" 是最简便的解决方案。因为没有充足的时间来替换一个新数字,更不用说整个字母。殊不知 "911" 这一紧急解决方案创造了日后闻名世界的车坛神话。

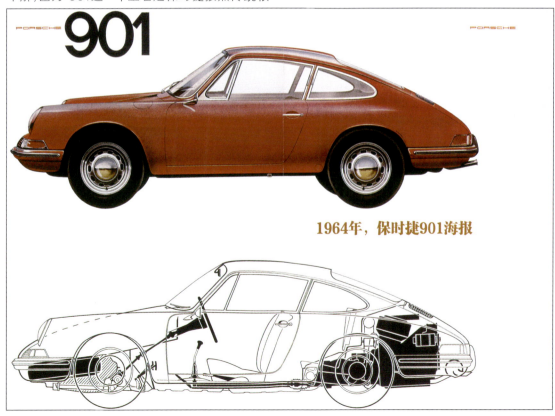

1964 年,保时捷 901 海报

1964年，保时捷901原型车

History Models
911 历代车型

1963年：第一代911，传奇跑车的诞生

第一代911（1963—1973）

第一款911配备6缸风冷式水平对置（Boxer）发动机，可输出130马力（95.6千瓦）的功率，最高车速达到210千米/时。为了满足不习惯开快车的驾驶人的需求，一年后保时捷又推出了一款配备4缸发动机的912。1966年，保时捷正式发布911S，输出功率为160马力（117.7千瓦）。911 Targa 于1966年末正式上市，它凭借其与众不同的不锈钢翻滚防护杆，成为全球首款超级安全的敞篷跑车。

1969年，保时捷911的发动机排量增至2.2升，并于1971年再度增至2.4升。这使911拥有了强大的动力。1972年推出的911 Carrera RS 2.7直到今天依然是一款实至名归的梦幻跑车，其发动机功率达到210马力（154.4千瓦），但车身重量还不到1000千克，而独树一帜的"鸭尾"是全球首款供量产车标配的后扰流板。

1963年，保时捷901

1965年，保时捷911 Coupe, 2.0升

1970年，保时捷911 S Coupe, 2.0升

1973年：G 系列，第二代车型的问世
第二代911（1974—1989）

1974年，保时捷911 Carrera Coupe，2.7升

1982年，保时捷911 Carrera S Coupe，3.0升

1983年，保时捷911 Carrera S 敞篷，3.0升

在911面世10年后，保时捷工程师们对911进行了更加全面的升级改造。新一代911被荣耀地称为"G 车型"，从1973年一直生产到1989年，市场周期超过以往任何一款车型。这款车型的一大特征是抢眼的波纹管式保险杠，该创新是为了满足当时最新的美国碰撞试验标准的要求。作为标准配置安装的三点式安全带和带一体式头枕的座椅进一步提高了乘员安全性。

1974年，保时捷进一步推出了首款配备3.0升260马力（191.2千瓦）发动机以及大型后扰流板的911 Turbo，此举堪称911发展史中最重要的里程碑之一。"Turbo"也因将豪华性与卓越性能独特结合而成为保时捷的代名词。1977年，配备增压空气冷却器的911 Turbo 3.3 将911的性能提升到了一个崭新的级别：300马力（220.7千瓦）的输出功率达到了同级别车型性能之首。

1983年，配备自然进气发动机的911 Carrera 取代了SC，其发动机排量达到了3.2升，输出功率为231马力（169.9千瓦），成为收藏家们的最爱。敞篷版911于1982年面世。随后，保时捷于1989年发布911 Carrera Speedster，此款车型生动地演绎了20世纪50年代356的传奇经典。

1988年：964型，现代经典的诞生

第三代911（1988—1993）

1988年，当许多业内专家预言911时代即将终结时，保时捷适时发布了911 Carrera 4（964型）。经过15年的发展，911中85%的部件都已更新，成为一款兼备时尚触觉与可持续性效能的保时捷旗舰车型。其3.6升风冷式水平对置（Boxer）发动机的输出功率提升到了250马力（183.9千瓦）。964与前代车型在外观方面的差异非常细微，仅限于空气动力学聚氨酯保险杠和自动伸展式后扰流板，而车体内部设计却焕然一新。该款车型旨在以其出类拔萃的运动性能和驾驶舒适性吸引客户，为此特别配备了防抱死制动系统（ABS）、Tiptronic变速器、动力转向和安全气囊，并采用了用轻合金摇臂和螺旋弹簧取代扭杆悬架的全新底盘。四轮驱动的Carrera 4车型，是新一代911车系中的一款革命性创新杰作。6个月后，保时捷发布了后轮驱动的Carrera 2。除了硬顶跑车、敞篷跑车和Targa车型之外，从1990年起，客户还可以订购964 Turbo。该款车型最初配备的是3.3升水平对置（Boxer）发动机，1992年升级为更强劲的3.6升发动机，输出功率达到了360马力（264.8千瓦）。

1988年，保时捷911 Carrera 4 Coupe，3.6升

1988年，保时捷911 Carrera 2/4 Coupe，3.6升

1988年，保时捷911 Carrera 4

第五章 911跑车五十年经典进化

1993年：993型，最后一款风冷911

第四代911（1993—1998）

1994年，保时捷911 Carrera Coupe

这款内部设计编号为993的911车型，至今依然是众多保时捷车主的最爱。其出类拔萃的设计使得它堪称一代经典——一体式保险杠突出了平稳、优雅的风格；将圆形前照灯改成椭圆形前照灯，使其车身前部线条较前代车型更为平滑。上市之后，993以其出色的可靠性和稳定性在短时间内声名鹊起；而作为第一款采用全新铝质底盘设计的911，其卓越的灵活性也迅速得到车坛的认可。Turbo版本首次配备了双涡轮增压发动机。这款四轮驱动涡轮增压跑车的另一项创新是首次用于汽车制造的空心式轮辐合金车轮。除此之外，保时捷还为热爱速度的跑车爱好者推出了911 GT2。同时，911 Targa还有一项创新：可在后窗下滑动的电动玻璃天窗。不过，让"骨灰级"保时捷爱好者对993至今仍难以忘怀的真正原因是：这款生产周期从1993年到1998年的跑车是最后一款配备风冷式发动机的911。

1994年，保时捷911 Carrera Coupe，3.6升

1994年，保时捷911 Carrera敞篷，3.6升

1997年：996型，水冷式发动机

第五代911（1997—2005）

1997年，保时捷911 Carrera Coupe，3.4升

是一款具有划时代意义的911。作为一款经过全面重新设计的911车型，它在延续911经典特征的同时，还首次配备了水冷式水平对置发动机。凭借四气门技术，发动机输出功率达到了300马力（220.7千瓦），并且在降低排放、噪声和耗油量方面实现了重大突破。其外观设计对911的经典线条进行了重新诠释，并且风阻系数更低，仅为0.3。996与大获成功的Boxster车型共享许多部件，勾勒出美妙的车身轮廓。其最显著的设计特征莫过于带一体式转向灯的前照灯——这款前照灯最初引发了激烈的争议，后来却被其他制造商争相模仿。保时捷还为996车系推出了一款前所未有的产品——诞生于1999年的911 GT3，将该款车型推上了又一座巅峰。2000年秋，保时捷推出了具有超凡运动性能的911 GT2，并为这款车型首次标配了陶瓷制动盘。

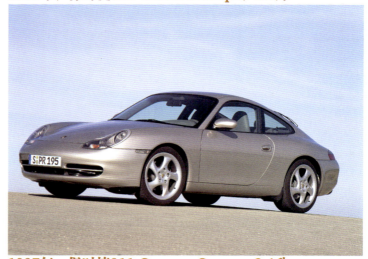

1997年，保时捷911 Carrera Coupe，3.4升

1999年，保时捷911 Carrera Cabriolet，3.4升

2004年：997型，经典与时尚的融合

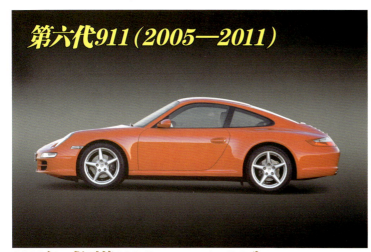

2006年，保时捷911 Carrera 4，3.6升

2006年，保时捷911 Carrera Cabriolet，3.6升

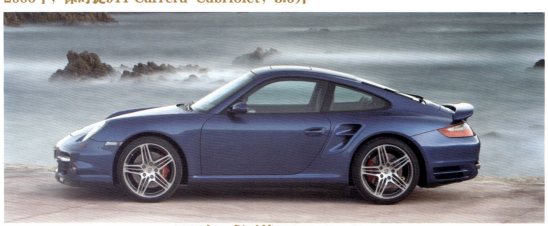

2006年，保时捷911 Turbo Coupe

2004年7月，保时捷发布了第六代911 Carrera 和911 Carrera S，内部编号为997。前裙板配备了带有独立闪光灯的椭圆形透明玻璃前照灯，彰显了传统911的经典设计风格，又展现出卓尔不群的全新面貌。第六代911拥有让人更加惊叹的强大性能：Carrera 的3.6升水平对置发动机能产生325马力（238.9千瓦）的输出功率，而Carrera S配备的3.8升发动机能够产生355马力（260.9千瓦）的输出功率，令人叹为观止。同样经过大幅改造的还有底盘——Carrera S 标配了保时捷主动悬架管理系统（PASM）。

2006年，保时捷推出911 Turbo，涡轮增压器采用了可变几何涡轮。2008年秋，保时捷对这款车型进行了二次升级，依靠燃油直喷和直接换档变速器提高了997的效率。从这一代911开始，其车型变得异常丰富——Carrera、Targa、Convertible、后轮和四轮驱动、Turbo、GTS、特别版和GT 赛车公路版，可以满足车主不同的个性需求。

2011年：991型，散发成熟魅力的跑车

这款跑车在保时捷公司内部被称为991，它在耗油量降低的同时，性能却实现了进一步的提升。发动机排量在 Carrera 车型的基础上降低到了3.4升。其他创新包括保时捷动态底盘控制系统（PDCC）和7速手动变速器。

加长100毫米的轴距、降低的车身高度塑造了动感的外观，同时还保持了跑车特有的紧凑外形。从前部看，911特有的宽拱形翼子板格外惹人注目。它们突出了明显加宽的前轮距，令新款911 Carrera 车型在公路上驰骋时显得更加稳健。

全新轻质车身采用智能铝钢结构。这种结构将重量减少了45千克之多，同时还显著提高了刚度。空气动力学性能也进行了优化，如更宽的可变伸展式后扰流板，不仅减小了新款911 Carrera 的升力，同时还保持了极好的风阻系数值。

保时捷设计师在保时捷 Carrera GT 的基础上打造了新款911 Carrera 的内饰结构。由于中控台向前部抬升，并且变速杆像赛车一样更靠近方向盘，驾驶人能够与驾驶室更好地"融为一体"。

和外观一样，内饰同样具有经典的保时捷元素：组合仪表由5个圆形仪表组成，其中一个是高清晰度多功能显示屏，此外还有中央转速表和位于方向盘左侧的点火开关。这些都是保时捷特有的设计。

第七代911（2011年—）

2011年，保时捷911 Carrera Coupe，3.4升

2011年，保时捷911 Carrera Coupe，3.4升

2011年，保时捷911 Carrera Coupe S，3.4升

911 Carrera S
从静止加速到100千米/时仅需4.3秒。
如果选装了Sport Chrono组件，
则按下"Sport Plus"按钮后，
完成这一加速过程仅需4.1秒。

Style Design
911 造型设计演变

1964年, 911 Coupe / 2011年, 911 Carrera 4S

毫无疑问,911历久弥新的造型设计是其成功传奇中不可或缺的一部分。即使没有保时捷盾徽或铭牌,对于一个保时捷爱好者来说都可以从任何一个角度将保时捷911辨认出来。然而,这也直接导致911继任车型的每一位设计师都面临着这样一个巨大挑战:在保留911标志性元素的同时,以当代形式诠释跑车未来。我们来看看50年来911的造型是如何演变的。

在几次内部和外部研究之后,费利·保时捷之子亚历山大·保时捷就跨出了这具有历史意义的一步。1958年,亚历山大·保时捷加入保时捷设计工作室,也就是之后的保时捷股份公司,并立刻展现出了其无与伦比的创作天赋。次年,他使用橡皮泥塑造出了356系列继任车型。1960年,754"T7"原型车在他的设计基础上孕育而生。

1964年, 911 Coupe / 2011年, 911 Carrera 4S

第五章 911跑车五十年经典进化

这是一款具有前瞻性的四座概念车,然而,其后端的设计却未得到费利·保时捷的肯定。于是他决定放弃四座"T7"的开发,自1962年起转而以"901型"项目为名开发一款2+2座快背式硬顶跑车"T8"。

该设计对于当时年仅27岁的亚历山大·保时捷而言是一项巨大的成功。充满感染力的同时兼具功能性的外形将汽车和产品设计融为一体,而在20世纪60年代初,这两者在设计界仍是完全独立的两个领域。亚历山大·保时捷将保时捷设计基因融入911原型车这一旷世杰作之中。他创造出的品牌设计,时至今日都是所有保时捷车系的标志性特色,为保时捷的成功传奇奠定了基础。其独具特色的外形如同一座富有生命力的雕塑,从任何一个角度都可一眼识别出那是一台911,甚至无须借助保时捷铭牌。并且,保时捷的设计师们在7代911的设计理念上从不随波逐流,而是通过精益求精的研发流程不断优化其造型设计,自始至终独具一格。此外,造型设计与功能性也从不分离。保时捷911从不以奇制胜,半个世纪以来始终遵循这一理念。其造型设计时尚但不追逐潮流,一直保持911经典设计的纯正基因。至今该车系依然忠于其创造者亚历山大·保时捷的信条:"优秀的设计源于坚实的信仰。"

1965年,保时捷911 2.0 Coupe

1974年,保时捷911 Carrera Coupe

1963年——

1963年的第一代911确定了其基本形式,并且这一形式被保留至今。其中包括横向轮廓、快背式造型设计、侧车窗形状、扁平发动机舱盖两侧的独立前翼子板——这些均是911造型设计的主要特点。

1973年——

1973年的G车型是继911原型车后的又一大进步。该车型的保险杠设计非常引人注目。保险杠涂有与车身相同的颜色,并且整个保险杠均带有橡胶模塑件,侧面配备一体式前转向灯和塑料衬套。引入这些新配置的原因是美国新法规规定,如果碰撞速度低于5千米/时,则不得产生任何车辆维修费用。因此,保时捷采用坚固的轻合金制造保险杠。在美国市场出售的汽车上,保险杠通过可替换的橡胶托管和隐藏式弹簧结构灵活地固定在车架上。在 Carrera 上,原为镀铬色的车外后视镜和前照灯模塑件涂上了与车身相同的颜色。在两个尾灯之间是带有黑色"Porsche"字样的深红色面板。

1982年——

1982年起发售的 Turbo 还提供低车身版本。低车身车型已被保时捷用于赛车运动,其弹出式前照灯与低发动机舱盖可谓是相得益彰。

1982年,具有前瞻性设计的 911 SC Cabriolet 问世。其创新车顶采用弓形结构设计,其中50%采用压制钢板制成,从而确保了高速行驶时的结构稳定性,并且在发生碰撞时能为乘员提供保护。

1989年——

1989年,964系列(内部编号)问世。其车身外观与前代车型极为相似,却全部经过重新设计。964 车型的两大主要特点为:车身前端与后部恰如其分地融入整个车身线条之中,并且在 Carrera 2和 Carrera 4车型上,后扰流板能自动收入升起的位置中。其滑流式车底护板可能并不起眼,但却具有无可比拟的重要功能。两年后,Turbo 推出了新车身版本。

1993年——

1993年,993 车型(内部编号)问世。与之前的 911相比,其前端和后端经过了改进。993车型的新特征体现在略微向下突出的前照灯以及更宽、更平的后端。后侧车窗与车身齐平。这款敞篷跑车的车顶经过全面改动之后后部更为平整,可在车顶关闭时赋予这款车型更具运动特

1964款911 2.0 Coupe

色的外观。

1997年——

1997年的996系列（内部编号）不仅为911引入了水冷式发动机，而且采用了全新的车身设计。车顶线条以及倾斜度加大约5度的风窗玻璃令侧面车身的外观更流畅。此外，由于车窗与车身的完美贴合以及车身缝隙缩小等因素，使得整个车身变得更加平滑。如此先进的设计改进，将风阻系数从993时的0.34降低至0.30。两个车外后视镜也由原先固定在车门上的设计改为安装在侧车窗三角处。这款敞篷跑车标配与车身同色的轻合金硬顶，其重量仅为33千克，两个人就可以轻松拆卸和安装。

2001年——

911 Turbo 2001年款的车身经过大幅重新设计，其与Carrera车型之间最重要的区别在于整洁大方的前后端设计、带移动式翼子板的后扰流板以及连接空气冷却器的进气管。前翼子板经过加宽，同时配置可集成双氙气前照灯。Turbo采用的全新伸出式尾翼使其在高速行驶时对车辆的空气动力学产生影响，从而显著提高了行驶稳定性。后扰流板由两块叠置的翼子板组成。车速在120千米/时以下时，翼子板重合在一起；超过这一车速时，上方的翼子板会通过液压系统作用升高65毫米；如果车速降至60千米/时以下，则翼子板会再一次降至底部扰流板中。

2004年——

新一代911（内部编号997）系列于2004年亮相。带有独立闪光灯的椭圆形透明玻璃前照灯使人眼前一亮。这两盏

2011款911 Carrera 4S Coupe

几乎呈圆形的前照灯再一次彰显了传统911的经典设计风格，同时也展现出新一代911卓尔不群的全新面貌。除了前照灯之外，停车灯、雾灯和转向灯等其他车灯也集成在该装置的透明塑料圆盘之后，从而赋予整个车身前端清晰与整洁的外观。风洞是设计997系列的一大重要工具，各种空气动力学措施确保了该车型拥有仅为0.28的风阻系数，系保时捷量产车型有史以来最低的。

2011年——

1964年，911 Coupe

1964年，911 Coupe

2011年，第七代保时捷911问世，它完全颠覆了以往的设计理念，将这款运动跑车引领进入一个全新的时代。这款911拥有平滑修长的侧面轮廓和简洁的表面、轮廓分明的边缘以及精湛的设计细节，但其仍旧秉持911最初的设计理念与特色。这一全新设计源自对跑车车身比例的改进，加长了100毫米的轴距、更宽的前轮距和更低的高度以及最大20英寸的车轮构成了这款全新硬顶跑车的基础，令其更具运动气质。基于此，设计师们开发出全新911的车身形状，并且对高/宽比进行了优化，在不改变整体宽度的基础上，打造了这款更加贴近地面的跑车。新款911再一次延续传统，摒弃了散

1964年，911车型2.0升6缸水平对置发动机

第五章 911跑车五十年经典进化

2011年,911 Carrera 4S

2011年,911 Carrera 4S

热器格栅,保留了侧进气口这一保时捷后置发动机跑车的典型特征。LED 转向灯、日间行车灯和示廓灯被移至更外侧,并且从前端延伸至侧面,从而进一步突出了911前端的宽度。左右后视镜被移至车肩顶部。

引领兄弟车型造型设计

保时捷 911 无疑对当前车型系列中每款保时捷都产生了影响。例如:一个共同的细节特征是所有保时捷车型均具有低平的车体前端,前翼子板始终高于发动机舱盖。同时,进气口取代了散热器格栅。从上部看,具有"可乐瓶线条"的强健翼子板轮廓是所有车型的共同特征,这与前后部V形锥状连接以及彰显后翼子板形状的尾灯组造型设计一样。凹凸区域错落有致的表面构成方式是保时捷的特色,也是识别保时捷的特征之一。

2011年,911车型 3.8升6缸水平对置发动机

Technical Innovation
911 技术革新足迹

1963 年：三段式安全转向系统

在1963年发布的保时捷911，配备了齿条齿轮式转向系统。该系统在之前的测试报告中因精准且极为直接的操作模式而被广为认可。此转向系统也是这款车型安全概念的一部分。其连杆采用三段式设计，并且转向机构位于车辆中心，因此，在发生正面碰撞时方向盘不会直接撞向驾驶人，而是根据转向杆角度通过橡胶托管和释放元件移向背离驾驶人的方向。保时捷不断改进安全转向系统，后几代911同样选择网状管作为缓冲元件。

整柱式转向柱　　三段式转向柱

1965 年：Targa 翻滚保护杆

"全球首款标准安全敞篷跑车"——这是保时捷于1965年9月在法兰克福国际车展上推出首款911 Targa时的标语。这款新跑车的创新之处在于固定式Targa保护杆，该装备的性能已在各类赛事中得到证明并且确保能为乘员提供高效防护。由于配备了可拆卸可折叠车顶和可翻折的塑料后窗，911 Targa极为"灵活"，能够为乘员提供4 种以上的敞篷和闭篷驾驶体验。其车顶设计理念于1965年8月获得专利，并且具有多项优势。该车顶不仅可靠地防止了车身发生变形，同时也解决了在高速公路上行驶时因织物车顶鼓起而造成的不美观问题。911 Targa背后的主要设计理念来自于安全性高标准设置，这也是许多客户广为赞同的一点。早在20世纪70年代初，Targa 的市场份额约占据911车系的40%。

1966 年：内部通风式制动盘

对于一款高性能跑车而言，制动器的有效降温是至关重要的，只有这样才能可靠、反复地对高速行驶的跑车进行制动。因此，保时捷早在1966年就在911 S上引入了内部通风式制动盘。这种制动盘采用双壁设计，因此空气可进行循环，并且减少摩擦产生的热量。此外，制动盘的打孔设计还具有迅速带走制动盘上的水雾这一优点。为了进一步提高冷却效果，后续911车型的盘式制动系统还带有进气管，能够从前扰流板进气口将新鲜空气通过通道导入制动盘。

保时捷始终为其赛车自主开发制动系统。这一切努力所带来的回报不仅仅是极其可靠、能够在高精度驾驶中一展身手的制动系统，还在于保时捷的量产车始终拥有在同级别汽车中较短的制动距离，从而显著提高了公路行驶的安全性。

1972 年：前/后扰流板

保时捷的工程师们坚持不懈地提升911的整体配置，如努力改进空气动力学性能——1971年，通过常年的赛车经验累积及赛车知识，保时捷开发了首款前扰流板。该设计随即被用于911 S和后来的911 E上。此扰流板可将空气引导至侧面，从而减小前部的升力。它能提高方向稳定性，使车辆变得更易于操控。一年后，911 T也配备了前扰流板。

911 Carrera RS 2.7则安装了后扰流板——与众不同的"鸭尾"设计广受好评。真正具有历史意义的新一代后扰流板出现在911 Turbo 上。其宽大而平滑的设计为车辆增添了亮点。除了出众的性能之外，这款后扰流板还彰显了Turbo 车型的动力和速度。

下面简要介绍其技术原理：

前/后扰流板改善了车辆的空气动力学性能和方向稳定性、制动和转向特性以及车辆对侧风的响应性（尤其在高速行驶时）。前扰流板能够将空气引导至车辆外侧周围，防止车辆底部产生不必要的升力和强大气流，尤其是当车底未喷涂保护层而存在裂缝时。后扰流板的作用是将车辆周围的气流引导至扰流唇这一合适位置，并且尽量避免产生乱流。后扰流板的造型如同倒置的机翼，能够增加后轮的下压力。车辆均衡的气流和受控的下压力在提升最高车速的同时，还能减少耗油量。

1973 年：涡轮增压

"完美涡轮增压技术"（即可燃混合气最佳燃烧）的探索历程几乎与内燃机一样年代久远。技师们旨在使气缸获得尽可能多的空气，使得空气与燃油进行压缩混合时，通过燃烧产生动力，从而获得高输出功率。911 Turbo于1973年问世。这是一款具有前瞻性设计的车型，因为其3升涡轮增压发动机在排气侧配备之前已在赛车上经过全面测试的增压控制。保时捷于1974年对911 Turbo进行量产，并以此成为首家成功使用涡轮增压器并应用于各种驾驶体验的汽车制造商。为了取代传统的进气侧控制，保时捷开发了排气侧增压控制技术。在该技术中，通过旁路而非废气涡轮将过量废气导出，从而防止产生意外的过压。当在加速阶段再次需要增压压力时，旁通阀关闭，涡轮可在排气气流中满载运行。

1973年，保时捷911 Turbo推出

1975 年：电镀车身

1975年，保时捷着手应对车身腐蚀问题，并大获成功。911是首款在车身上采用双面电镀工艺的量产车系列。借助这项技术，保时捷提供6年防腐蚀保修，并且在推出1981年款时将其延长至7年，随后又延长至10年。经过处理的白车身不仅延长了使用寿命，而且车辆的安全性也有所提高，这是因为该工艺能够在车辆老化过程中保持车身的整体刚度和碰撞安全性。该工艺使911获得了"超耐用跑车"的美誉——自此之后所制造的911跑车中，有三分之二至今仍可在公路上行驶。车身在进行量产前需经过众多测试，其中包括尝试将不锈钢作为车身材料——三款光彩熠熠的银色原型车便是采用这一材料制造而成的。其中一辆今天还可在慕尼黑德意志博物馆中见到。然而最终工程师们决定不采用不锈钢，而是改为对白车身进行电镀处理，因为这样做更加易于生产。在魏斯阿赫的测试场中，有一段极富传奇色彩的路段：专家们驾驶着保时捷原型车穿过盐水池来测试其耐蚀性。

1977年：增压空气冷却

911车系成功的秘诀之一便是其不断地进行系统性强化。每年，保时捷都会对911上的许多微小细节进行改进，因此该车系也越来越接近费利·保时捷心目中的完美跑车。这一理念同样被应用在911 Turbo上。911 Turbo在1977年经过了改进，排量调整至3.3升，并且增添了位于后扰流板下的增压空气冷却器。增压空气冷却器源自赛车运动，这也是它首次出现在量产车上。增压空气冷却器能够使进气温度最多降低100℃，从而使发动机能获得更高的输出功率和转矩——冷却气体更加密集，因此能够更有效地为发动机增压，最终在5500转/分转速下获得稳定的300马力（220.6千瓦）的输出功率和412牛·米的最大转矩。此外，增压空气冷却还可减少发动机上的热负荷。废气温度与排放均有所降低，耗油量也得以减少。

其另一大优势是提高了抗爆特性——防止因过高温度而引起的混合气自燃。

1988年：四轮驱动

959车型展示了保时捷各个方面的先进技术，而保时捷从这款车型中积累了如何将四轮驱动运用于跑车的丰富经验。但959作为一款特殊车型，产量极少。

为了获得出色的驾驶性能，959配备了电子无级可变中央差速锁，并且转矩根据车轮载荷分布以及车轮与公路的摩擦系数被分配至两个车桥上。为实现这一目标，工程师通过行星分动器将Carrera 4的基本转矩分配设置为31:69（前桥:后桥）。这款跑车还配备了液压式中央和车桥差速锁，从而可对分配比例进行无级调节。

其功能由集成于防抱死制动系统（ABS）控制单元的电子装置系统控制。后一代Carrera 4于1994年推出，代表着保时捷四轮驱动的又一个发展阶段。例如，这款车型选择经过最优调节的超轻质Visco多片离合器作为车桥离合器。

1989 年：Tiptronic变速器

自1989年起，保时捷就为964系911配备了一款创新的变速器——Tiptronic。这款变速器是舒适性和运动性的完美融合。其行驶数据仅略低于配备手动5速或6速变速器的同级车辆。Tiptronic是一款带智能变速程序并且可以进行独立手动干预的自动变速器。除了传统的变速杆位置之外，这款变速器还配备了第二平行闸板，只需推动变速杆就可立刻变速。向前"推动"变速杆为升档，向后"拉动"为降档，只需在发动机转速限制之内即可。如果驾驶人忘记升档，则变速器会在到达当前档位的发动机最高转速时自动升至下一档。其电子系统有5个换档程序，最佳换档点程序会根据驾驶人指示和交通状况启动。为了实现更平稳的换档，系统会通过延迟点火时刻来暂时降低发动机转速。

Tiptronic是应用最广泛的自动变速器之一，它不仅广泛使用在保时捷、大众汽车上，而且还配备在通用、标致、雪铁龙等其他品牌的汽车上。现在此变速器由日本爱信生产，但它的鼻祖却是德国的保时捷

1993 年：轻质、稳定、灵巧的铝质底盘

993系列的全新底盘根据"轻质、稳定、灵巧"（LSA）的设计理念设计，最终消除了后置发动机型911稳定性欠佳这一问题。该底盘主要适用于以多连杆悬架为基础的后桥，并且在赛场上经过了测试，能够提供出色的操控性。车桥运动学的设计确保车辆悬架在加速和转弯时的压缩量大幅减少，从而稳定整体行驶特性。此外，带铝制减振器的轻质弹簧提高了灵活性。系统化轻质设计这一原理还被用于保持较低的车辆总重和非簧载质量。这些措施使得底盘完全适应跑车在高速行驶中快速、安全地变道，并且滚动噪声和振动也得以降低。

1995年：双涡轮增压

993系911 Turbo于1995年推出，配备带两个小型涡轮增压器的3.6升发动机，其性能与高排量自然吸气发动机几乎无异。从低至2000转/分的转速开始，发动机就能够产生强大的驱动力；当转速超过3500转/分时，将转化为令人惊叹的加速度，能够使驾乘人员牢牢地贴在座椅上。除了提升至300千瓦（408马力）的输出功率以及540牛·米的最大转矩之外，魏斯阿赫工程师们还旨在将发动机加速涡轮迟滞减少至前所未有的最低点。工程师们通过两个小型涡轮增压器而非一个大型涡轮增压器实现了这一点，凭借小叶片的低转动惯量产生最显著的效果。两个经过调节的涡轮配备一体式旁路风门，能够产生0.8巴（0.08兆帕）的增压压力。输出功率和发动机转矩得以大幅提高，还源于优化的进气循环、两个高效的增压空气冷却器，以及爆燃控制系统。

1995年：OBD II 排放控制系统

1995年推出的911跑车的一大技术亮点是全新的OBDII排放控制系统，首次被量产车制造商所使用。该系统能够较早探测排气和燃油系统中的缺陷和故障。911 Turbo采取的大量减排措施非常有效。涡轮增压发动机成为全球排放最低的量产发动机。机械增压型993还是汽车史上首款带空气质量控制的双涡轮增压器。OBD不仅能够持续监控带三元催化器和氧传感器的排气系统的运行、带活性炭罐的油箱通风系统的功能、二次进气系统和燃油系统，而且还能记录缺火情况。

2001年：陶瓷制动盘

2001年，保时捷陶瓷复合制动系统作为选装配置被应用于保时捷996系911 Turbo车型，并且成为911 GT2的标准配置。它不仅是一个重要的技术进步，更为制动系统设立了新的标杆，尤其是在响应性、衰减稳定性、重量和使用寿命等决定性标准方面。保时捷是首家成功开发陶瓷复合制动盘的汽车制造商。该制动盘带有渐开式冷却管道，可实现有效的内部冷却。陶瓷复合制动盘与金属制动盘一样，采用打孔设计，却比后者轻了一半多。这不仅使车重减少了20千克，从而节省了燃油，还减轻了非簧载质量，进一步提高了减振器的响应特性。此外，陶瓷制动盘还具有其他多项优势。其摩擦系数始终保持恒定，在紧急制动时无须完全踩下制动踏板以及技术辅助系统帮助就能瞬间产生最大制动力。该系统在湿滑的路面上具有出色的响应特性，因为相比传统制动片，全新开发的制动片沾水更少。陶瓷制动盘可轻松应对尤其是运动驾驶方式产生的高制动载荷。

2008年：保时捷双离合变速器

2008年，保时捷双离合变速器(简称PDK)作为选装配置被应用于第六代911上，这是该变速器首次安装在量产跑车上。保时捷双离合变速器有7个前进档和1个倒档，最初向Carrera 和Carrera S提供。其最重要的优势在于换档速度比手动变速器和自动变矩器变速器更快。当驾驶人进行换档操作时，档位就已挂上，并且在换档过程中不会中断驱动力。PDK还具有重量优势——尽管与当时普遍使用的手动变速器相比增加了两个档位，但却比Tiptronic S 变速器轻了约10 千克。

20世纪80年代，保时捷成为全球首家将这一赛车变速器技术成功运用于量产车上的汽车制造商，并因此在高性能跑车双离合变速器方面积累了最丰富的经验。保时捷双离合变速器将手动变速器的驾驶动态和极佳机械效率与自动变速器的换档和驾驶舒适性完美结合在一起。因此，PDK在运动性和舒适性方面的设计完全符合911驾驶人的要求。7个前进档中的前6档为运动设置，而第7档则以大传动比实现最优燃油经济性。

2011 年：智能铝钢设计

在2011年推出的第七代911中，保时捷进一步完善了轻质跑车设计。这款车型实现了多个目标：提高车辆性能的同时减少耗油量，而且安全性和舒适性相比早期车型都有所提高。工程师遵循"合适的材料用于合适的位置"这一设计理念，并采用了合适的结构方案。因此，尽管原先预计轴距的加长、更严格的安全要求和整体配置的强化会为其增加额外的重量，但第七代911的重量仍然首次相较前代车型减轻了约40千克。采用混合铝钢结构的全新白车身所减轻的重量比例最大（约80千克）。除了局部加强件之外，前车身部分以及地板和后部的大部件均采用铝材料制成。行李箱盖、发动机盖、翼子板和车门结构也同样如此。铝在硬顶跑车和敞篷跑车中的比例分别为44%和43%。大量钢部件采用超高强度和极高强度材料制成。热锻压硬化钢可为乘员提供高级别的保护。智能混合铝钢结构也改变了祖文豪森工厂的生产工艺。电阻点焊是钢车身时代的主要生产方法，而如今，混合材料则需要不同的连接工艺，并且现在有多达400个构成白车身的独立部件。其关键区域有许多钢和铝的接缝，因此无法进行焊接。增加结构黏合胶的使用也可防止两种材料之间产生双金属腐蚀，不失为一种解决方案。但也可采用全新的机械连接工艺，如铆接、冲压铆接和摩擦钻孔等，保时捷总是根据具体情况选择最适合的连接工艺。

2011 年：7 速手动变速器

第七代911配备了全球首款7速手动变速器，这款变速器赋予911全新的换档特性。其设计理念源于7速保时捷双离合变速器，具有出色的换档舒适性和充满动感的换档力。全新911可在第6档达到最高车速。第7档的大传动比有助于节省燃油——可在较低的发动机转速下进行高速航行。该变速器不仅提供了超高的驾驶性能，还优化了重量，从而提高了车辆的燃油效率。另外还可搭配标配的自动起动/停止功能。由于7速手动变速器是在7速保时捷双离合变速器的基础模块上设计完成的，很多部件及性能都和保时捷双离合变速器相同。然而，7速手动变速器是根据保时捷双离合变速器的基本结构设计的，各档位的位置不同于普通手动变速器的"H"换档位置图。因此，保时捷专为这款手动变速器开发了改装版换档执行器。执行器可使传统"H"换档位置图用于保时捷双离合变速器档位设置，同时还配备一个能够防止错误挂档的专利系统。例如，只有在第5档或第6档后才能直接挂入第7档。

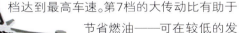

Chapter 6　Manufacture
第六章　制造流程

Body Welding
焊接工艺

一辆911车身约由360块钣金件组成

打造保时捷911跑车的工艺主要分车身制作、喷漆、内饰制作、发动机装配、总装和测试检验六大流程。我们先从车身制作说起。车身由钢板制成，这些钢板被裁切下来后，用压力机制作成各种形状的车身部件。一辆保时捷911超级跑车的车身大概由360块这样的车身钣金件组成，通过100多个焊接机器人和一组技艺高超的焊接技师将这些车身部件焊接在一起。一个保时捷911的车身大概需要4600个焊点。

焊接工作先从三个副车架开始。一名焊接技师负责焊接前副车架，即搭载发动机的前舱；另一名负责焊接车身的后副车架，即车身后半段；还有一名负责焊接车身中间的底板，也就是中间副车架。然后这三个副车架被集中到一起，由夹具固定住，接着由机器人精确地焊到一起，成为一个车身的基本骨架。

车身焊接以机器人焊接为主，焊接技师们主要焊接机器人够不到的位置，实际上相当于补焊。

保时捷911是一个大车系，其中包括硬顶和敞篷等车款。它们的基本车架结构是一样的，但从焊接后翼子板开始，它们的形状便开始发生变化，车子变成硬顶或敞篷。如果正要焊接的车辆是硬顶车，则一类机器人给它装上车顶并进行焊接。焊接完成后，另一类机器人来处理车架。在焊接流程中还要在车身钣金件上打一些洞，以便后面组装的技师把一些车身部件连接和装配在车身上。

根据对驾乘人员防护作用程度的不同，车身框架由不同强度的金属材料组成，其中A柱、B柱及上下纵梁，都采用超高强度的钢材

第六章 制造流程

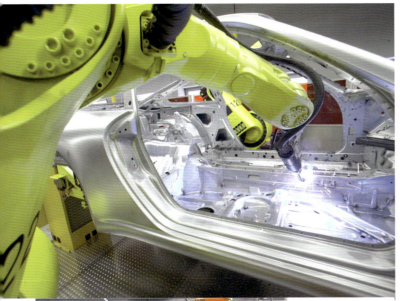

先焊接好前、中、后三个副车架,然后再把它们焊接成一体

能够使用机器人焊接的部件,尽量让机器人焊接。只有机器人无法焊接的部位,才由人工操作来焊接

要对焊接完毕的车身进行质量检查,其中钣金件间的缝隙是检查重点

Body Painting
涂装工艺
一个车身喷漆要用8小时

车身清洗：涂装工艺的第一步是洗去车壳上的灰尘、油污、微锈、焊渣等。洗净的车身接着被吹干，可以除去残留的灰尘。如果车身上稍有灰尘，就会毁掉后面的喷漆作业。

防锈处理：待车壳表面干净无尘后，就要洗一个"涂料澡"，也就是对车身进行电泳处理。把带有负电荷的车身完全浸入带有正电荷的防锈涂料中，这样带正电荷的涂料就会被吸附至带负电荷的车身上，形成一层均匀的保护膜，以防止车身被锈蚀。车身洗完"电泳澡"后，没有完全被吸附的涂料可用水洗去。然后使车身进入干燥机30分钟，让防锈膜彻底凝固。

底漆喷涂：在喷面漆之前要先为车身喷上一层底漆，而且是机器人负责车身外侧的喷涂，而车身内侧不容易喷到的位置则由喷漆技师负责。现在最流行的喷漆方式就是"静电"涂装工艺。让底漆带正电荷，车身带负电荷，然后让机器人或喷漆技师把底漆涂料喷雾至空中，这样涂料就很容易被吸附在车身上。底漆有五种颜色，白、浅灰、深灰、黄或红。底漆的选择以接近面漆为依据。底漆喷涂完成后，车子便要进入170℃的干燥机再烘烤30分钟。

面漆喷涂：保时捷最受欢迎的颜色是黑、白和红色。保时捷

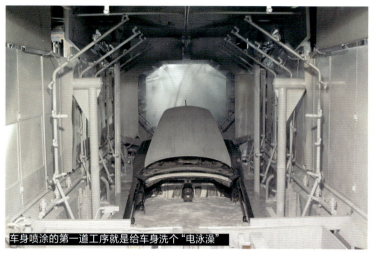
车身喷涂的第一道工序就是给车身洗个"电泳澡"

车身"电泳"后没有完全被吸附的涂料可用水洗去

然后使车身进入干燥机进行烘干，使防锈膜彻底凝固

第六章 制造流程

提供12种标准色外加9种特别色。只要额外付费,保时捷可以定制你要的各种颜色。因为工厂提供的颜色众多,面漆层采用人工喷涂。喷漆技师的喷涂顺序也有讲究,其喷涂原则是由上到下,先喷车顶,再喷两侧,由前至后顺序喷涂。喷漆技师要受训三年才能为车身喷涂面漆层。喷漆技师在作业时戴有防护面罩,其中通风系统用于提供新鲜空气。每辆车根据颜色不同共要涂装4~5升的涂料。面漆喷涂完工后还要使车身进入160℃的干燥机进行烘干。

清漆喷涂:为车身喷涂的最后一层是清漆。此透明清漆由机器人喷涂,因为每辆车用的清漆都一样。机器人也会喷涂车身内侧的表面。

车身底漆喷涂工作由机器人完成,底漆带正电,车身带负电,这样可让底漆更均匀地喷涂在车身上

一辆保时捷从钢铁白车身进入喷漆车间至喷涂完工共需8小时。

机器人无法喷涂到的部位则由人工进行喷涂

最后要在一个异常明亮的空间对车身喷涂质量进行检查

Boxer Engine
发动机组装
特别打造水平对置6缸发动机

6缸发动机主要有三种,即直列6缸、V形6缸和水平对置6缸发动机。保时捷最著名的发动机就是水平对置6缸发动机。水平对置6缸发动机的3个气缸成一排,两排彼此水平对置。水平对置6缸发动机的最大优势是重心低,因为它几乎是平放在那儿,可以装在车身低处。重心低有助于提升操控性。重心越低,车子在高速和过弯时就越稳定。

保时捷每天制造约500台水平对置发动机,平均每3分钟便能完成一台。其生产的水平对置6缸发动机有20多种版本,最大功率从255马力到535马力都有。各版本的水平对置6缸发动机均有许多专用零件,但它们都在一条生产线上组装,要正确装妥所需零件也算是一种挑战。保时捷因此发展出自动化供应系统。发动机零件被置于自动推车之上,自动推车则由无人驾驶运送系统来运送。自动推车预先设定行走发动机组装区特定路线。这条路线中,自动推车会经过桥,进入升降梯,下一层楼,及时把零件送到发动机组装区。工厂内共有21辆这种自动推车,其中9辆负责把完成的发动机送出发动机组装区。自动推车怎么知道要走哪条路、去哪里呢?地板上每5米便埋有磁铁,上面用混凝土覆盖。自动推车内写有运行程序,能在每5米间寻找路线。自动推车平均每天要走20多千米。

组装一台发动机,有三组零件会送到组装车间。第一组由人工推送,包括曲轴箱、缸体、曲轴和活塞。活塞是预先组装好的,在发动机组装车间可以直接装入缸体。先是将三个活塞放入气缸,然后将曲轴置入曲轴箱,再将这三个活塞和曲轴连接。此时经部分组装完成的发动机来到发动机组装

水平对置发动机是保时捷的最大特色之一,它可以使车辆的重心降低,从而提高车辆的操控性能

第六章 制造流程

装配活塞时要使用一种特殊的顶压工具,它的形状像是一个酒瓶子,用它将活塞慢慢推入气缸中

把曲轴置入曲轴箱中,并装上连杆,等待与三个一组的两组活塞相连

线，并被放置在可旋转的安装架上，技师转动安装架便能组装，这样可以让工人都能以最符合人体工程学的姿势来操作。技师侧转发动机，安装剩下的三个活塞。

接下来，技师转动发动机曲轴检查它与活塞的连接，以确保动作顺畅。水平对置发动机和V形发动机一样，也拥有两个气缸盖。气缸盖内有气门，作用是让空气进入气缸并排出废气。技师先装一侧的气缸盖，然后再次翻转发动机，以便安装另一个气缸盖。

剩余的工作则大部分由机器人来负责。因为有许多重复性的动作机器人可以做，如油底壳要固定20个螺栓，未必要由一名员工固定20次。但若是复杂的组装作业，还是要由人工来完成。

组装一台水平对置6缸发动机约需6小时。发动机组装完成后将由无人驾驶的运送推车送往总装线和车体结合。

气缸盖里的构造更为复杂，包括进气门和排气门等都在其内

将发动机放置在一个可以旋转的架子上，以便技师组装发动机

组装一台水平对置6缸发动机，大约需要6小时

第六章 制造流程

One Car and Six Bulls
内饰制造
一辆911要用去6头牛的皮

既然是豪车,其内饰当然也要极致豪华。保时捷911大概有40个内饰件,包括仪表板、车门饰板、座椅、方向盘、变速杆等。包裹一辆911的内饰大约要用掉6张牛皮。每年保时捷要处理23.5万平方米的牛皮,最后要使用其中的22万平方米。保时捷911的真皮内饰打造过程要从牛皮染色开始,然后把染好色的牛皮铺在裁切机器上。裁切机器自动裁切出所需规格,同时还能避开真皮上的瑕疵。裁切机器与服装厂的专业裁切机相似,使用强力水刀来切割真皮。水刀的喷嘴压力达300兆帕,大约相当于清洁建筑的高压冲水机的30倍。

在把真皮包裹在内饰件上时,先由机器人在真皮表面上喷一些胶,然后由工匠精心把真皮贴服在仪表板等内饰件上。在贴真皮时要用一种机器(有点像是电吹风机)轻吹真皮。采用这种方式使其温度增加,使真皮拥有较大的可塑性,易于加工,也能保持胶的黏性。此时是彰显手工艺的时刻,要让真皮接缝的内侧凸缘与内饰件上的凹槽对齐,不能有丝毫错位,只有这样才能把内饰件上的真皮完全平整地贴服其上。贴服妥当后要用刀切除多余的真皮,并把尾端完全隐藏起来,再用装有沙子的重物稍微加压,抚平任何可能的大小皱纹。用真皮包裹一个仪表板,大概需要1小时。

每年保时捷要处理大约23.5万平方米的牛皮,最后使用其中的22万平方米

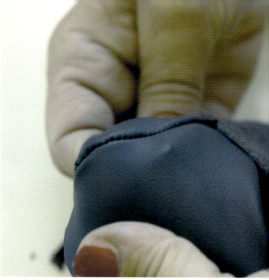

第六章 制造流程

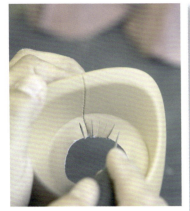

General Assembly Line
总装配线
总装线共有117个组装站

相对于兰博基尼、法拉利等超级跑车而言,保时捷就显得有点平民化。它的售价并没有那么夸张,在马路上相对也更常见,这都要归功于它那高效的流水生产线。保时捷的整车总装线共有117个组装站,各站技师必须在5分钟内完工,以便迎接下一辆车。组装线持续动作,不会停止,好让技师不用停下来等待。每辆保时捷911在总装线上将会待上15个小时。

最先出场的是烤好漆的保时捷911车身,车身上披挂着保护垫,以防后面组装过程会伤害到车漆。为了能方便理解组装程序,下面按顺序介绍保时捷911在后面的组装工序:

>> 技师串接全车线路系统。

>> 开始安装内饰,包括真皮仪表板、方向柱。

>> 安装巨大的玻璃车顶。50多千克重的玻璃将覆盖整个车顶。技师设法将其由车尾滑入。这既是车顶,也是后窗。

>> 组装区中唯一的机器人负责安装风窗玻璃。先把黏着剂涂在玻璃内缘。此机器人有红外线感应器,能在黑暗中作业,有助于将风窗玻璃的安装误差降低至半毫米以内。

>> 如果是911 GT3,则技师要安装显眼的尾翼。飞机用机翼来产生升力让飞机得以飞行。GT3尾翼的作用则相反,要让车子紧贴地面。车子越快,升力越大。要用尾翼抵抗那些升力而把车子重新往路面压。因为只有让车子紧贴地面,才能更好地控制车子。

技师连接全车线路系统

安装仪表板、方向柱

第六章 制造流程

将车身与底盘组合在一起,车身在上,底盘在下,其中底盘中的主要部件发动机和变速器,在进入总装线之前已预先装配在一起

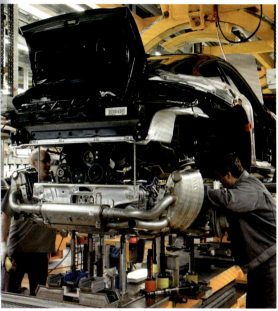

在将车身与底盘完全结合之前,要认真连接相关线路和部件,确保完全正确无误

和其他超级跑车一样,车辆的后部往往是最复杂的地方,这里有发动机和变速器等主要部件

陶瓷制动盘确保超级跑车拥有极高的车速

组装线上每辆车都注定不一样,均为定制,配备各不相同。每辆车都需要不同的零件。总装线跟发动机线一样,也使用无人驾驶运送系统,在需要时把零件带至站台。这些推车使用视觉追踪系统跟随地板上的黑线。

>>安装保时捷911的双散热器。通过很长的循环管路将散热器连接到车尾的发动机上,而发动机会在稍后才能到达总装线。

>>发动机、变速器、传动轴、悬架、制动系统等,在进入总装线之前已被预先组装在一起。

也就是我们常说的底盘,在进入总装线之前已组装完毕。它们一起以"底盘"的身份携手走上总装线,与装有部分内饰的车身进行上下组合。

>>将车身与悬架系统、动力传动机构进行连接组合。虽然工

第六章 制造流程

作复杂,但技师也要在5分钟内完成作业,以便使生产线能同步运行。

保时捷采用后置发动机或后中置发动机,也就是说发动机放置在车身后半部。后置发动机的主要优势是循迹性好。因为发动机就在驱动轮上,这带给它优异的循迹性,传达更多的动力至路面,而不必担心没效率的轮胎空转。

>> 为车内空调添加制冷剂,添加制动液和转向助力油。

>> 轮胎只有在就要往车身上安装时才会装上轮毂,同时用5个螺栓固定。保时捷911 GT3的车轮比较特殊,它的轮毂使用特制的中央锁头。中央锁头机构用于赛车,以便技师能更快速地拆换轮胎。保时捷是在道路用车上采用中央锁头的首家汽车厂。车厂使用特殊工具锁紧GT3车轮的中央锁头。

>> 如果是敞篷车,则还要多一个工序——安装软顶。保时捷911的软顶敞篷仅需20秒就能完成开合。

>> 安装最后的主要部件——已用真皮包裹好的座椅。

>> 加入18升汽油,然后是第一次起动汽车。

>> 在测功机上进行性能检测,先模拟颠簸路面,然后进行超过120千米/时的高速测试。

>> 最后要经过严格的整车质量检查,大约需要两个小时。直至完全确认合格后新车才能出厂。

在交到买主手里之前,要对新车进行模拟道路行驶测试,确保每辆车完全符合每一项性能要求

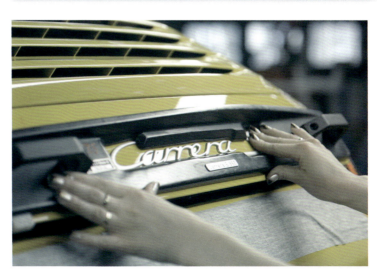

附录：保时捷车型名称释义

911 ——————车系名，跑车，包括Carrera、Targa、GT3等车款
718 ——————车系名，跑车，包括Boxster和Cayman车款
Panamera——车系名，五门四座跑车
918 Spyder —车系名，混合动力超级跑车
Cayenne ——车系名，中文称"卡宴"，大型SUV车型
Macan ——————车系名，中型SUV车型
Carrera ——————车款名，中文称"卡雷拉"
Targa ——————车款名，透明玻璃车顶半敞篷车型
Boxster ——————车款名，敞篷跑车
Cayman ——————车款名，硬顶跑车
Turbo ——————涡轮增压发动机车型
GT ——————动力加强版车型
S ——————运动车型
GTS ——————动力加强版运动车型
R ——————赛车版车型
E ——————电动车型
4 ——————四轮驱动车型
RS ——————专为赛事设计的车型
Speedster——2门2座敞篷车型
Cabriolet ——软顶敞篷车型
Coupe ——————硬顶双门跑车型
Hybrid ——————混合动力车型

718 Boxster

Panamera

Cayenne

918 Spyder

911 Targa